心理学の世界　専門編　13

アセスメントの心理学
こころの理解と支援をつなぐ

橋本忠行・佐々木玲仁・島田 修 共著

培風館

本書の無断複写は，著作権法上での例外を除き，禁じられています。
本書を複写される場合は，その都度当社の許諾を得てください。

「心理学の世界」へのご案内

　このシリーズ35巻は，現代人の心理学に対するさまざまな期待や要望に，できるだけきめ細かく，適切に応えようとして企画されたものです。

　現代の社会は複雑かつ急速に変化するようになり，いわゆるバーチャル空間の影響も加わって，人心のあり方がこれまでになく多様化し，相互理解が難しくなってきています。予想もしなかったような事故や犯罪が続発するようになって，誰もが人間の心のはたらき方に，疑問や関心を抱かざるをえなくなってきた感があります。

　一方，そうした疑問・関心になんらかの答えを用意すべき心理学はというと，過去1世紀のあいだに多様な領域に分化して発展しており，その成果を適切なバランスで把握することが，非常に難しくなっています。関心を抱く人々の側の要求も予備知識も多様であることを考え合わせ，このシリーズでは，ねらいの異なる3つのグループに区分けして，編集することにしました。

　第1のグループは「教養編」5巻です。これは心理学というのはどんな学問か，とにかく気楽に，楽しく勉強してみたいと考えている読者を対象に，心理学の興味深い側面を紹介して，より組織的な学習への橋渡しをしようとするグループです。

---

1. 心理学の切り口　　森正義彦 編著／藤永 保・海保博之・
　　　　　　　　　　松原達哉・織田正美・繁桝算男 著
2. 認知と学習の心理学　　海保博之 著
3. 発達と教育の心理学　　麻生 武 著
4. 人間関係の心理学　　齊藤 勇 著
5. パーソナリティと臨床の心理学　　杉浦義典・丹野義彦 著

第2のグループは「基礎編」12巻です。これは学部レベルで開講される各種心理学の講義の受講者，心理学関係の資格試験を受験しようとする学習者を対象に，各分野の代表的な理論的・経験的研究を適度の詳しさで解説するグループです。心理学の標準的な領域・知識を網羅し，各種心理学試験の受験に必要となる大学学部レベルの基礎学力を養成することを，主目標としています。

> 1. **心理学研究法**　森正義彦・篠原弘章 著
> 2. **学習心理学**　森 敏昭・岡 直樹・中條和光 著
> 3. **認知心理学**　太田信夫・邑本俊亮・永井淳一 著
> 4. **知覚心理学**　佐藤隆夫 著
> 5. **発達心理学**　無藤 隆・若本純子・小保方晶子 著
> 6. **教育心理学**　新井邦二郎・濱口佳和・佐藤 純 著
> 7. **社会心理学**　堀毛一也・竹村和久・小川一美 著
> 8. **臨床心理学**　鑪 幹八郎・川畑直人 著
> 9. **パーソナリティ心理学**　杉山憲司 著
> 10. **組織心理学**　古川久敬 著
> 11. **感情心理学**　遠藤利彦 著
> 12. **生理心理学**　堀 忠雄 著

第3のグループは「専門編」18巻です。これは基礎知識を習得した上で，より専門的知識を深めようとする心理学専攻の学部学生や大学院生，ひととおりの予備知識を背景に，興味を抱いた分野のより高度な知識を得ようとする一般読者を対象に，最新の研究成果や特化したテーマについての詳細な知識を紹介するシリーズです。

> 1. **健康心理学**　織田正美・津田 彰・橋本 空 著
> 2. **老年心理学**　原 千恵子・中島智子 著
> 3. **カウンセリング心理学**　松原達哉・松原由枝・宮崎圭子 著
> 4. **犯罪心理学**　大渕憲一 著
> 5. **ジェンダーの心理学**　鈴木淳子・柏木惠子 著

> 6. 産業心理学　　宮城まり子 著
> 7. リスクの心理学　　土田昭司・中村隆宏・元吉忠寛 著
> 8. スポーツ心理学　　中込四郎・山本裕二・伊藤豊彦 著
> 9. 文化心理学　　増田貴彦・山岸俊男 著
> 10. 進化心理学　　平石 界 著
> 11. 経済心理学　　竹村和久 著
> 12. 法と倫理の心理学　　仲 真紀子 著
> 13. アセスメントの心理学　　橋本忠行・佐々木玲仁・島田 修 著
> 14. 計量心理学　　岡本安晴 著
> 15. 心理統計学　　繁桝算男・大森拓哉・橋本貴充 著
> 16. 数理心理学　　吉野諒三・千野直仁・山岸侯彦 著
> 17. 神経心理学　　河内十郎 著
> 18. 遺伝と環境の心理学　　安藤寿康 著

現在，日本の心理学界では，心理学関係の各種資格制度をより信頼性の高いものに改変しようと検討を重ねています。このような折，本シリーズは，

① これまでの心理学研究の主要な成果をまとめること
② 心理学という視点からいまという時代をとらえること
③ 時代の要請や問題に応え，未来に向けての示唆・指針を提供すること

をめざすものです。

これらの目標を「質とまとまりのよさ」という点からも満足できる水準で達成するために，各分野で定評のある代表的な研究者に執筆を依頼するとともに，各書目ごとの執筆者数をできるだけ抑える方針を採用しました。さらに，監修者会議を頻繁に開き，各巻の執筆者とのコミュニケーションを密にして，シリーズ全体としてのバランスと統合性にも配慮しました。

この心理学書シリーズが，より多くの読者に親しまれ，関心と期待に応える形で結晶することを，心から願っております。また，このシリーズの企画実現に機会をくださった，培風館の山本 格社長をはじめ同社編集部のみなさん，なかんずく企画から編集・校正など出版に至る過程の実質的なプロモーターとしてご尽力くださった小林弘昌氏に，紙面を借りて厚く御礼申し上げます。

　　　　　　　　　　　監修者
　　　　　　　　　　森正 義彦　　　松原 達哉
　　　　　　　　　　織田 正美　　　繁桝 算男

はじめに

　今でも小学校の先生は「人を見かけで判断してはいけません」と教えてくれるのでしょうか？筆者はこの言葉が好きでした。なぜなら背が低く，スポーツも苦手で，得意なことと言えば朝顔の観察くらいの地味な子どもにとっては，何だか支えになるような気がしたからです。サンテグジュペリ(1943)は「かんじんなことは，目に見えないんだよ(Le plus important est invisible)」と『星の王子さま』に記しました。顔かたち，肌の色，住んでいる地域，特定の文化に関連した服装など，私たちは様々な手がかりから様々な憶測をします。しかしながら当然のことですが，目に見える情報のみから全てを知ることはできません。

　臨床的な心理アセスメントとは，人のこころを様々な視点から理解し，その人に合わせた支援を実践していくプロセスです。こころの働きとして，感情，思考，認知，記憶，対人関係，自己イメージ，さらには精神症状などを客観的かつ深く理解するために，この120年ほどの間に様々な方法が開発されてきました。その歴史で一貫しているのは，主観と思いこみだけで人を評価することはやめようという姿勢です。だからこそ1905年に世界で初めての知能検査を開発したフランスのビネーは，精神発達遅滞の疑いがある子どもたちと一緒に多くの時間を過ごしました。その内側にある能力を捉え，学校での学びを予測するための多角的な課題を洗練させたかったのです。また他にも，1940年にパーソナリティ検査でもあるMMPIを開発したハザウェイとマッキンレーは，当時発展しつつあった統計的手法を用いて精神症状を把握することに尽力しました。

心理アセスメントの方法は「面接」「観察」「検査」の3種に大別されます。「面接」とは，直接対象者と対話し，様々な質問を通して心理的な問題や特徴を明らかにしていく方法です。「観察」とは，面接のように直接対象者と関わることをせず，なるべく影響を与えないようにしながら行動を記述し，そこから心理的な特徴を推測する方法です。子ども達が保育園の園庭で遊んでいる様子を二階から見て，「あの子は人なつっこいな」「保育士によく甘えているな」「一人でぽつんと砂遊びしているけど大丈夫かな？」という場面を想像するといいかもしれません。そして「検査」とは，知能検査，パーソナリティ検査など標準化された検査を対象者に実施し，その結果をもとに様々な仮説をたて理解する方法です。客観的なデータを産出するための方法であり，心理アセスメントの信頼性と妥当性は，この検査法の発展過程と強く結びついていると言えます。いずれにせよこれらの方法を通して対象者を深く個別的に理解し，具体的な支援につなげていくことが重要です。6章と7章では，その実際についてより詳しく説明します。

　本書は「こころの理解と支援をつなぐ」ことをテーマとしています。近年注目されている領域でもありますし，また私たち筆者がほんとうに大切なことだと実感しているからです。執筆の際に心がけたのは，これまでの膨大な知識の積み重ねの中から，普段の臨床でよく参照される知見と研究をわかりやすくまとめ，支援のヒントを提示することでした。科学者-実践者(scientist-practitioner)モデルに基づき研究と臨床をつなげることが，クライエントへの支援を洗練させていくためにも必要だと私たちは考えています。そのために図表と研究データ等を多く用い，具体的なケースを提示しました。5章では，アセスメントの未来を開拓するために欠かせない「研究」

はじめに

という重要なテーマについて，その新しい方法論が提示されています．各心理検査に関する実施法，解釈法，ならびに心理検査の標準化過程については多くの成書に詳しく記されていますし，各章末の「より進んだ学習のための読書案内」でも紹介しています．したがって繰り返しになりますが，本書では心理アセスメントを心理的支援につなげるということに重きを置くことにしました．

　臨床心理学を学ぶ学部生，大学院生，そして第一線で働いている心理士を対象に，心理アセスメントの実践について，わかりやすくそのエッセンスを伝えることができればと思っています．実践において，こんなところを押さえておくと支援の軸が定まった，複数の視点からものごとを考えるための助けとなった，そして一番大事なことですがクライエントにより深く理解し共感できるようになったという実感を読者に持っていただけるのであれば，これに勝る幸せはありません．

　なお本文中での表記として，アセスメントを実施する専門職について「査定者」と「心理士」という用語を用いています．「心理士」に関しては財団法人日本臨床心理士資格認定協会による「臨床心理士」と，2014 年 6 月に国会に法案が提出された国家資格である「公認心理師」の双方を想定して執筆しました．

　最後に，2 章の草稿に対して貴重なコメントをくださった元札幌少年鑑別所所長（現福岡少年鑑別所所長）の竹田収先生，4-2 節と 6 章に図表の引用・改変を許諾してくださった Stephen E. Finn 博士そして本書の出版にあたり辛抱強く原稿を待ってくださった培風館の近藤妙子様に，こころより御礼申し上げます．

　　2014 年 11 月

　　　　　　　　　　　　　　　　著者を代表して　橋本　忠行

目　次

1章　心理アセスメント総論　　1

こころの理解の基礎概念
1-1　心理アセスメントの定義　1
1-2　心理アセスメントと診断　4
1-3　心理アセスメントの倫理　8

2章　心理アセスメントの実践　　17

社会の中でのアセスメント
2-1　医療・保健領域　17
2-2　教育領域　26
2-3　司法領域　34

3章　心理アセスメントの歴史　　39

臨床心理学の原点
3-1　個人差への関心　42
3-2　臨床心理学の始まりと心理アセスメント　45
3-3　知能検査とIQの誕生　47
3-4　ウェクスラー式知能検査の誕生　52
3-5　集団式知能検査の開発　54
3-6　パーソナリティの個人差　56
3-7　質問紙法の発展　57
3-8　ロールシャッハ法小史　61
3-9　投映法の発展　69
3-10　神経心理学的アセスメントの発展　72

目　次　ix

4章　アセスメント実践における諸概念　　81
実践の裏付けとなる知識
- 4-1　テスト・バッテリー　81
- 4-2　治療的アセスメントにおけるMMPIとロールシャッハ法の組み合わせ　87
- 4-3　生物-心理-社会モデルとICFモデル　91
- 4-4　ケース・フォーミュレーションの視点　97
- 4-5　心理検査と診療報酬　102
- 4-6　DSM-5, ICD-10と心理アセスメント　104
- 4-7　初心の査定者が留意すべき事項1：日本におけるアセスメントの変遷を踏まえて　113
- 4-8　初心の査定者が留意すべき事項2：アセスメント場面での行動観察と関係性　115

5章　心理アセスメントの研究法　　121
生きものとしての心理アセスメントに取り組むために
- 5-1　心理アセスメントと研究　121
- 5-2　心理アセスメントの研究の前提　125
- 5-3　心理アセスメント研究の目的　128
- 5-4　心理アセスメント技法の研究のための分類　137
- 5-5　研究の具体例：風景構成法の研究　148
- 5-6　研究によって得られるもの　155

6章　治療的アセスメントの実践　　159
こころの理解と支援をつなぐ
- 6-1　治療的アセスメントの概要　160
- 6-2　情報収集的アセスメントと治療的アセスメント　162
- 6-3　治療的アセスメントの手続き　164
- 6-4　治療的アセスメントの研究　181
- 6-5　ロールシャッハ・フィードバック・セッションの概要　184

6-6　ロールシャッハ・フィードバック・セッションの手続き　186
　　6-7　子どものアセスメントにおける家族面接の活用　188

7章　心理アセスメント報告書の作成　　197
理解をまとめ，共有する
　　7-1　心理アセスメント報告書の目的とガイドライン　197
　　7-2　心理アセスメント報告書に記載される項目　200
　　7-3　インテーク報告書　201
　　7-4　心理検査報告書　207
　　7-5　来談情報提供書　214
　　7-6　クライエントへの文書によるフィードバック　217
　　7-7　子どもへの寓話を通したフィードバック　222

引用文献　　227
索　　引　　239

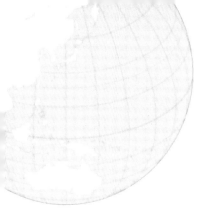

1章

心理アセスメント総論

こころの理解の基礎概念

【キーワード】
過程としてのアセスメント,アセスメントと診断,日本臨床心理士会とアメリカ心理学会(APA)の倫理規定,症候学としてのアセスメント

1-1 心理アセスメントの定義

　臨床心理学による支援の方法は,日本臨床心理士会では「心理アセスメント」「心理面接」「臨床心理学的地域援助」,そしてそれらに関する「研究活動」に大別されている。それぞれ順番に,対象者を「理解し」「関わり」「必要に応じて環境にも働きかけ」,「更なる向上を図るために研究する」わけであるが,その筆頭に「心理アセスメント」が挙げられている点に触れておきたい。基礎心理学の定義を「人間の精神的行動についてその法則に関する体系的知識を獲得しようとする科学」(矢田部,1962)とするならば,そこから発展した臨床心理学は,より個別性を重視し,悩みや苦しみを抱えた人へ

1

の支援を探求するようになった。そういった支援のはじまりとなるのが対象者を理解する営みであり，心理的問題を単に平均からの逸脱，あるいは価値基準からの逸脱とするのではなく，その対象者の中では一貫した筋道を持ったものとして捉えようとしている。

「心理アセスメント」の最も有名な定義はコーチン(Korchin, 1976)による「有効な諸決定を下す際に必要な，患者についての理解を臨床家が獲得していく過程」であろう。この理解を得るための「過程」について，コーチン(1976)自身は「学習障害をもった子どもを，特殊学級に移したらいいのか，それとも現在の状況下で，治療的な働きかけ(remedial work)をするのがいいのか」，「告訴されている殺人犯人を殺人罪に問うべきか，それとも『精神錯乱』の理由から無罪扱いにするのか」，「治療時間を増やしたらいいのか，それとも治療を終結させたほうがいいのか」といった具体例を挙げている。それぞれ現代の特別支援教育，心神喪失者等医療観察法(2005年施行)に体現される司法と医療の接点，そして心理的支援における普遍的な問題にもつながる具体例で興味深い。

2013年に文化功労者となった中井久夫は「診断・分類・初期治療」について，以下のような例え話を用いている。「かつてわが国のロケットは初期条件を厳密に定めてあとは無誘導で打ち上げる方式であった。それが失敗し，誘導方式に変わったことは周知のとおりである。これはたえざるフィードバックと軌道修正ということである」(中井，1982)。この隠喩を援用すると，初期にアセスメントを行い後はそれに従い治療を開始すれば良いというものではなく，**査定者**(assessor；アセスメントを実施する専門家)の見立てのズレについて，概してクライエントからのフィードバックにより気づくことが多いが，繰り返し微調整を加えることこそ重要であるという意

味であろう。いずれにせよ先に挙げたような慎重さを要する判断に関して，面接，観察，心理検査といった方法により多角的な情報を集め，行きつ戻りつ(back and forth)仮説修正する営みこそが，支援につながる「心理アセスメント」である。

下山(2009)が「その人格や状況」，裵岩(1997)が「クライアントを取りまく状況や家族力動，援助資源など外的環境」と，それぞれア

「フォーマルなアセスメント」と「インフォーマルなアセスメント」

コーチン(1976)は**フォーマルなアセスメント**(formal assesment)と**インフォーマルなアセスメント**(informal assessment)という有名な概念を提唱した。前者では臨床的過程のいろいろな段階に対応した，特別にデザインされた面接や，テストや，観察などが行われ，後者では心理療法や種々の介入において，臨床家は，それほど意図的にではなく，自分の患者の特質に気を配ったり，注目したり，判定したりしていると説明される。それぞれ「狭義のアセスメント」「広義のアセスメント」と理解することもできる。

この両者は対立するものではなく，相補的なものだと考えると良い。例えば様々な理由により家庭から離れて過ごす子どもの生活の場である児童養護施設では，食事，遊び，学習の様子など日常生活を通したアセスメントと，特に配慮が必要な子どもに対しては知能検査や発達検査などのアセスメントが並行して行われる。また精神科病棟においても，フォーマルなアセスメントを心理室で実施したときのクライエントの様子と，デイケアやロビーで過ごす様子が異なることがあり，その違いについて「一対一での関係か，それとも集団の中での関係か」という要因によるものか，あるいは「新規場面かそれとも慣れ親しんだ場面か」という要因によるものか思いを巡らすことは，より深い理解につながるであろう。

いずれにせよ，それらの違いを理解しようと努める過程そのものが臨床的なアセスメントであると言える。

セスメントの対象を個人の内的資質ばかりでなく，それを取りまく外的環境にまで拡大している点は，定義を巡る近年の動向でもある。

1-2 心理アセスメントと診断

アセスメント(assessment)という単語が心理学用語となった経緯を振り返っておきたい。本来「アセスメント」は「税額を査定する，勤務態度を査定する」という意味で，主に税制や法律の領域で使われていた用語であった。それが心理学に援用されるようになったきっかけは，第二次世界大戦中の米国での選抜任務にあったとされる (Korchin, 1976)。機密保持，失敗とストレスに対する反応，そして精緻な知的作業に長けたパーソナリティの強さを持つ人物の選抜を戦略事務局(Office of Strategic Service)から依頼されたマレイ (Murray, H. A.)は，この仕事は従来のいわゆる診断とも，また単純な**精神測定**(mental test)とも異なると考え，インタビュー，作業テスト，場面テストなどを組み合わせたプログラムを開発した。それが現在のような形で**心理アセスメント**(psychological assessment)という用語が使われるきっかけであり，そもそもの始まりとして資質や能力，資産といった肯定的側面つまり「良いところ」が含まれているのである。

一方，医学用語である**診断**(diagnosis)は「面接・診察・検査などによって得られる所見に基づいてなされる疾病・病勢・予後などに関する医学的結論」(今中，2003)と定義される。患者が抱えた疾病を発見し医学的観点から理解することであり，狭義には症状と経過に基づく病理の概念化となる。患者の全体的な生活の質を視野に入れ

ないわけではないが，それはあくまでも二次的な理解であって，つまり本質的に「悪いところ」を見つけその病名を同定することに，健康を守る価値がある。

症候学と診断学

それぞれ本来は医学用語で，**症候学**(semiology; symptomatology)は「1. 病気もしくは障害に結びついた兆候や，標識，指標のこと。2. 病気もしくは障害の標識や，指標の科学的な研究のこと」(VandenBos, 2007)と定義される。また**診断学**(pathognomy)は，本項で説明した診断に関する体系的研究のことである。この両者の違いに対する心理士の心構えについて，岡野と波田野(2013)が興味深い主張を行っているので紹介したい。

「わが国においては心理士は診断にかかわらないという不文律があるものの，おそらく心理士にとっても基本的な診断体系についての知識はやはり必要である。米国では，診断は多職種により共同でなされる。そもそも心理士の出会う来談者の大半は精神科の診断を持ち，またかなりの部分が実際に通院しているか，通院を必要としている方々である。しかし私は心理士が必要としているのは診断学ではなく，症状の把握，すなわち症候学であると主張したい。そうすれば心理士は診断を下さない，という不文律にも反しないからだ。」(岡野・波田野, 2013)

例えばロールシャッハ法とWAIS-Ⅲ知能検査を精神科外来で実施した後に，心理アセスメント報告書へ「形態水準が低く，統合失調症の可能性が高いと思われる」と記載するのは診断に触れ不文律に反することになる。しかしながら「全般的な処理速度の低下が認められる。教育歴を踏まえると，病前からの機能低下が生じていると推測できる。またロールシャッハ法でも作話的反応が認められ，その内容は了解しにくく被害的なものであった。思考障害が顕在化したものと思われる」という記述はどうだろうか。検査を通した症状の把握である。査定者が理解した内容は，実は前者と後者でほぼ変わりないのであるが，より詳細な記載となっている。そしてこういったエビデンスは，医師による診断のための重要な資料となる。

両者の違いを説明するために，プロ野球におけるスカウト活動を例として挙げたい。スカウトとは有能な人材を探し出し，誘って引き入れることであり，その過程では，選手のピッチングや身体的能力が観察され，実際の試合における防御率や奪三振率といったデータも踏まえ，「大学進学かそれとも直接プロ野球に来るのか」それとなく監督や本人にインタビューがなされる。この過程に「診断」という用語は馴染みにくく，プロ野球選手としての資質に関する「アセスメント」という用語の方がしっくりくることがわかるだろう。マレイが戦略事務局で「心理アセスメント」という用語を使うようになった背景にも，同じような動機があったと思われる。

　医学的な診断も心理アセスメントも，対象者を理解するために，面接，観察，検査といった方法を通して情報を収集し概念化する点は共通している。先に挙げた今中（2003）も「診断で観察・判断するべき事柄は，病名ばかりでなく，病人の生活環境，病気の背景にある外面的・内面的要因，疾病の原因，経過や予後に影響しそうな要因，検査や治療に関係した事項など多種多様なものを含んでいる」と述べている。しかしながら対象者の幅広さと注意の焦点，そして「病理の側から理解を進めるか，健康の側から理解を進めるか」という接近の仕方は異なっていると言えよう。

　この違いについて古井（2003）は，「医師は健康な状態を知った上で，常に＜死＞の側から病態を診ている。錯乱状態で手首を切る場合は死の可能性が極めて高く，神経症圏での『手首の皮膚を軽く傷つける』行為は，＜死＞からはるか手前，健康に近いところに位置する。自我機能や精神病の理解があれば，この辺の理解は可能である。しかし，多くの臨床心理士は健康なところから一歩二歩と患者に近づいていくように思われる。自傷・自殺企図の話をすると『そ

表 1·1 臨床的アセスメントと診断

臨床的アセスメント	診　断
心理的な障害を抱えていると思われる個人に対して，心理学的，生物学的，社会学的の各側面に関する評価と測定を体系的に行う	現在の問題が，特定の心理的な障害を判別するための既存の基準，例えば DSM-Ⅳ-TR などの基準を満たすかどうか，決定していくプロセス

出典）　Durand & Barlow（2006）

んな怖いことを言っていじめないで下さい。そんなことを考えていたら怖くて面接ができません』と怒って言い返してくる臨床心理士がいる」と指摘している。対象者理解における接近法の違いを認識しておくことは，クライエントの病理に向き合い，心理アセスメントにおける見落としを防ぎ，私たちの自戒を促す意味でも重要である。

　デュランドとバーロウ（Durand & Barlow, 2006）は，査定者の認知的枠組みについて，臨床的アセスメントと診断の違いを表 1·1 のようにまとめている。診断が DSM-Ⅳ-TR（2000）・DSM-5（2013）・ICD-10（2003）に代表される特定の基準を満たすかどうかという，どちらかといえば類型的・帰納的な「あてはめようとする」アプローチを採用しているのに対し，臨床的アセスメントは，例えば心理学的側面であれば主観的な抑うつ症状の強さを BDI-Ⅱ などの質問紙により得点として評価するなど，特性的・演繹的に「健康と病気を連続線上のスペクトラムとして」捉えようとしていることが読み取れる。

1-3
心理アセスメントの倫理

「臨床心理士倫理綱領」(日本臨床心理士会,2009)の前文では「会員が提供する専門的臨床心理業務の質を保ち,業務の対象となる人々の基本的人権を守り,自己決定権を尊重し,その福祉の増進を目的」とすることが定められている。専門職としての知識と技能を,あくまでもクライエントのために用いるという基本的理念が背景にある。日本臨床心理士会第7期倫理委員会による「倫理ガイドライン」(2009)とアメリカ心理学会(APA)による「アセスメントのための倫理指針」(2010)も参照しながら,心理アセスメントの倫理について説明したい。

表1・2は「臨床心理士倫理綱領」(日本臨床心理士会,2009)より心理アセスメントに関する倫理規定を抜粋したものである。まず第1条の「基本的倫理(責任)」に,「個人的欲求又は利益のために」アセスメントを含む臨床心理行為を行うことが禁じられている。「倫理ガイドライン」(2009)では専門職の生計についてまで触れられているが,加えてアセスメントの文脈で考えると,査定者の好奇心のみでそれらの行為を行うことは戒められるべきであろう。後半の「対象者が常に最適な条件で心理査定を受けられるように」という箇所は,信頼性と妥当性のあるデータを得るためにも必要な事柄である。

第2条の「秘密保持」については,他機関よりアセスメント結果の照会を求められた場合などが想定される。連携とも関わるため機械的に断るのは不適切であり,また上述のガイドラインには(4)守秘義務の限界あるいは開示が認められるより重篤な事態として,

1-3 心理アセスメントの倫理

表 1·2　心理アセスメントの倫理

第1条　基本的倫理(責任)	3項	会員は、対象者に対する心理査定を含む臨床心理行為を個人的欲求又は利益のために行ってはならない。同時に、対象者が常に最適な条件で心理査定を受けられるように、心理査定用具及びその解説書の取り扱いには十分に留意する。
第2条　秘密保持	2項	個人情報及び相談内容は対象者の同意なしで他者に開示してはならないが、開示せざるを得ない場合については、その条件等を事前に対象者と話し合うよう努めなければならない。また、個人情報及び相談内容が不用意に漏洩されることのないよう、記録の管理保管には最大限の注意を払うこと。
	3項	面接や心理査定場面等をテープやビデオ等に記録する場合は、対象者の了解を得た上で行うこと。
第4条　インフォームド・コンセント	5項	対象者から、面接の経過及び心理査定結果等の情報開示を求められた場合には、原則としてそれに応じる。
第5条　職能的資質の向上と自覚	3項	心理査定及び心理療法並びに地域援助などの専門的行為を実施するに当たっては、これまでの研究による十分な裏付けのある標準的施行方法により行うことを原則とする。やむを得ず、実験的段階にある方法を用いる必要が生じた際には、対象者に対し、十分な情報提供を行い、同意を得た上で実施すること。
	4項	心理査定の結果及び臨床心理的援助の内容等、会員がその業務において行った事柄に対する情報が、対象者又はそれ以外の人に誤用又は悪用されないよう、細心の注意を払うこと。
第6条　臨床心理士業務とかかわる営利活動等の企画、運営及び参画	2項	テレビ、ラジオの出演又は一般雑誌等への執筆においては、対象者に関する守秘義務はもちろんのこと、対象者の人権と尊厳を傷つけることがないよう細心の注意を払うこと。また、心理査定用具並びにその具体的使用法及び解釈法の公開は避けること。
第7条　著作等における事例の公表及び心理査定用具類の取り扱い	6項	心理査定に用いられる用具類及び解説書の出版、頒布に際しては、その査定法を適切に使用するための専門的知識及び技能を有しない者が入手又は実施することのないよう、十分に留意しなければならない。また、心理査定用具類は、学術上必要な範囲を超えてみだりに開示しない。

出典)「臨床心理士倫理綱領」(2009)より抜粋

1976年のタラソフ判決が挙げられている。タラソフ判決とは「クライエントが他者に脅威を与える危険性があることを知っている場合には，潜在的な被害者をその危険から守る義務があるとして，クライエントの守秘に関する権利に制限を設けたもの」(VandenBos, 2007)である。しかしながら同時に，原則はクライエント本人の承諾を得た開示であり，またその際もクライエントから包括的な承諾を得るのではなく，①どのような情報を開示するか，②どのような方法で開示するか(口頭か文書かなど)，丁寧に話し合った方がよい。「テープやビデオ等への記録」については，途中でクライエントが中止を求めることも保証されるべきとされる。**資料 1・1** はアセスメント結果のフィードバック面接を，ビデオに記録する際の同意書の例である。オレゴン大学の J. D. Smith 博士により作成された(同意書の翻訳と使用の許諾をくださった Smith 博士に感謝する)。このように「秘密保持」は，特に熟慮が求められる条項である。

アメリカ心理学会の倫理指針(2010)では，「4. 検査情報の公開」について「検査の粗点と評価点，検査中の質問や図版への相談者・受検者の回答と反応，検査中の相談者・受検者の言動に関する心理士のメモや記録が含まれる。相談者・受検者の回答と反応も含め，これらの検査資料全てが検査情報の定義に該当する」と記されている。

日本でも第4条の「インフォームド・コンセント」に，「心理査定結果等の情報開示を求められた場合」の対応が示され，「原則としてそれに応じる」ことが明記されている。したがってその場合，どこまでが「心理査定の結果」に含まれるか留意しなければならない。

WISC-IV について，「合成得点プロフィールの簡易図」は開示可能であるが，「記録用紙」と「検査用具」が不可となっている点には

1-3 心理アセスメントの倫理

**オレゴン大学
カウンセリング心理学プログラム
ビデオ記録とその守秘に関する同意書**

私は以下の項目が適切に履行される場合，訓練を目的としたビデオ記録と使用の許可をジャスティン D. スミス博士に対し与えます。

(1) クライエントと関係者の氏名は秘匿されます。アセスメントと面接における自然な会話の中で名前が出ることがあり，視聴者はそれを耳にする可能性があります。しかしながら視聴者があなたの名前を，訓練外で口にすることは禁じられています。

(2) 訓練の参加者が，訓練以外の場所で，ビデオ記録に含まれる個人を特定しうる情報について話すことは禁じられています。

(3) 訓練の参加者がたまたまクライエントと関係者の知り合いであることが判明した場合，その参加者は直ちに訓練の場を離れることになります。

(4) 撮影されたビデオ記録は訓練と教育の目的でのみ使用されます。販売されることはありません。

(5) 本書面に基づく同意を，いつでも撤回することができます。その場合，ビデオ記録は完全に消去されます。

ご本人の氏名　　　　　　　　　　　　　　　　　　日付

連署人　　　　　　　　　　　　　　　　　　　　　日付

資料 1・1　ビデオ記録とその守秘に関する同意書

注意が必要である。後者について「これまで行われてきたとか，保護者や本人の知る権利から認めてもよいのではないかという反論も少なくない」(上野，2013)が，「検査としてのWISC-IVのセキュリティや妥当性，価値を損ないかねない」(Wechsler, 2003)という理由で複写は禁じられている。一方「合成得点プロフィール」の「5つの合成得点(FSIQ, VCI, PRI, WMI, PSI)については，表，簡易図の両方を載せてもよいという立場をとっている」(上野，2013)ので，クライエント向けの報告書に引用することができる。WISC-IVにおけるこの明確な判断基準は，他の心理検査にも応用できるであろう。

第5条の「職能的資質の向上と自覚」では，十分な教育と訓練を受け，研究による十分な裏付けのある標準的施行方法により行うことが求められており，ここでいう「研究」は理論面と経験面の両方を含んでおり，「施行」は，インフォームド・コンセントを得る手続き，スコアリングと集計と解釈も含んでいる(日本臨床心理士会，2009)とされる。またアメリカ心理学会の倫理規定(2010)では心理士は，現在の使用に適さない古い理論に則って開発された検査を用いてアセスメントを行ったり，その結果に基づいて指導支援計画や指針を作成してはならないことも記載されており，いつまでも改訂前の心理検査を使うことは推奨されていない。代表的な個別式知能検査であるWAIS-R(日本語版発刊は1990年)がWAIS-III(同2006年)へと再標準化されたときのように，新しい版に馴染むためには査定者にも労力を伴うが，クライエントそして社会の変化に対応するためにも欠かせない部分である。つまり常に研鑽が求められるという自覚を，各倫理規定では促しているわけである。

第6条の「臨床心理士業務とかかわる営利活動等の企画，運営及

び参画」では「心理査定用具並びにその具体的使用法及び解釈法の公開は避けること」という記述がある。市民対象の公開講座，高校生対象の出張講義，さらにはクライエント対象の心理教育などの機会を通して，臨床心理学を公共的に知ってもらうという啓蒙自体は，予防精神医学のカプラン(Caplan, G., 1964)が「第一次予防」として定義したよう意義の高いことであるが，説明で本物の心理検査用具を公開することは禁じられる。例えばロールシャッハ法であれば，偽の図版を用いるなどの配慮が必要であろう。

第7条の「著作等における事例の公表及び心理査定用具類の取り扱い」については，従来より様々な事案(incidents)が報告されている。例えば，詳細については改変したが，以下のようなものである。

- TAT図版をスキャンしてコンピューターに取り込み，インターネット上の個人ブログで解説した。
- 学部実習で貸与された心理検査用具を卒業時に返却せず，必要なくなったからとの理由でインターネット上のオークションサイトで販売しようとした。
- 精神障害者の責任能力(刑法39条)に関する刑事裁判を主題とした映画で，精神鑑定の場面を描くために本物のロールシャッハ図版を使用した。

これらの事案は，いずれも心理検査用具の管理に属するものである。また倫理規定に抵触する理由としては，検査結果の信頼性と妥当性を損ねることが危惧されるからである。例えば，①個別式知能検査の下位検査には練習効果の認められる課題が含まれている，②同じく個別式知能検査の下位検査には知識を問う問題が含まれている(クイズ形式であり，正答を調べることができる)，③投映法検査は，基本的に「はじめて体験する新しい状況での反応」を前提とし

ている，④心理検査の限界等に関する訓練を受けていない非専門家が使用し，それに基づいて何らかの決定がなされる危険性がある。

また近年も国際ロールシャッハ学会(International Society of the Rorschach and Projective Methods)より，イタリアの出版社がロールシャッハ図版を模造販売した事案に関し，「(正規の)Hogrefe 社の図版は10枚の図版をオリジナルの印版によって一枚ずつ製造していますが，模造図版はオフセット印刷によって生産しています。その結果オリジナルのものとは『異なった』図版が出来上がっています。図版の微妙な色合いや陰影がどれほど図版にとって重要かは，ロールシャッハを用いる皆さまであれば十分ご存じのことと思います。このテストの有効性は正しい図版を用いてこそであることは言うまでもありません」(Smith, B., 2013)と会長名での注意喚起がなされている。これからも同様の事態が生じる可能性があり，気に留めておかなければならない問題のひとつであろう。

◀まとめ▶
❏ 臨床的な心理アセスメントは「有効な諸決定を下す際に必要な，患者についての理解を臨床家が獲得していく過程」(Korchin, 1976)と定義される。面接・観察・検査とった方法を用いて多角的な情報を集め，行きつ戻りつ仮説修正する営みが支援につながる。
❏ 心理アセスメントは，診断学よりもむしろ症候学との近似性を持っている。症状と行動を丁寧に記載し，その背景にあるクライエントの生活と結び付けて理解する。
❏ 心理アセスメントの実践は，日本臨床心理士会やアメリカ心理学会(APA)による倫理ガイドラインを踏まえて行われる。「秘密保持」「インフォームド・コンセント」などに関して具体的な判断が必要な際には参照する。

精神科医の診察：
陪席の作法

　学部・大学院での学外実習もしくは医療機関での初期研修の際に，精神科医の診察に陪席することは，アセスメント能力を向上させるためのまたとない機会となる。初診であれば20〜30分，再診であれば5〜10分といった短時間の外来診療で，精神科医が患者のどこに注目しどの話題を取り上げているのかを知ることは，心理士が見落としがちな点を補い，偏った見方を修正することにつながる。チームとして，治療方針を共有することの重要性を実感する機会にもなるだろう。加えて診察の補助を行う看護師の，的確で細やかな配慮からも学ぶことは多い。観察の技術を向上させる貴重な機会となる。

　陪席における注意事項をまとめておきたい。細目については施設によっても異なるため，迷った場合は実習先の指導者に尋ねるとよい。

- ・陪席では，できるだけ目立たないようにする。陪席者が共感的に隣でうなずきすぎることは，かえって診察の邪魔になる。
- ・清潔な身なりを心がける。患者は白衣の下の服装も見ている。
- ・主治医と患者が話している時は，メモは取らない方がよい。メモを取る時は，ポケットに入る小さなノートを使用し，主治医が電子カルテに入力している時などに記録する。
- ・患者の訴える症状や診断に関してわからないことがあれば，タイミングを見て主治医に質問する。「いま・ここ」で学べることは，陪席の大きなメリットである。

　また精神科病院であれば，デイケアでの作業療法や認知機能リハビリテーション等に参加し，作業療法士そして精神保健福祉士からも大きな学びを得ることできる。注意事項も陪席と同様であるが，加えて実習中に不必要な個人情報を伝えない，利用者の個人情報を院外で扱わない等の配慮が必要になる。

◀より進んだ学習のための読書案内▶

Korchin, S. J. (1976). *Modern Clinical Psychology*. New York: Basic Books.(村瀬孝雄(監訳) (1980). 『現代臨床心理学──クリニックとコミュニティにおける介入の原理』弘文堂)

☞本書が出版されて久しいが，現代における臨床心理学のかたち，そして臨床的アセスメントを定義した一冊として，その輝きは失われていない。日本語版865頁の大著にも関わらず，徹頭徹尾，詳細で丁寧な記述がなされている。

Corey, G., Corey, M. S., & Callanan, P. (2003). *Issues & Ethics in the Helping Professions* (6th Ed.) Pacific Grove, California: Brooks/Cole.(村本詔司(監訳) (2004). 『援助専門家のための倫理問題ワークブック』創元社)

☞心理アセスメントに留まらず,「クライエントの権利とカウンセラーの責任」「守秘」「専門家としての能力と訓練」など, 臨床実践で踏まえなければならない倫理問題が, 豊富な具体例とともに説明されている。

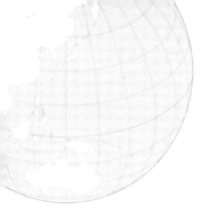

2章

心理アセスメントの実践

社会の中でのアセスメント

❰キーワード❱

精神疾患と身体疾患,病態水準,医療観察法,スクールカウンセリング,コミュニティのアセスメント,発達障害,3タイプの個人内差,少年鑑別所,鑑別の流れ

　心理的支援の実践は,医療・保健,福祉,教育,司法など多領域に渡り,かつ近年さらに広がりつつある。対象となるクライエントや心理士が配置される施設等も異なってくるため,それぞれに合わせた心理アセスメントの工夫が必要となる。本章では,各領域におけるアセスメントの概要と実践のポイントについて触れていきたい。

●●● 2-1 ●●●

医療・保健領域

　図 2・1 は,医療・保健領域に関わる日本臨床心理士会会員を対象とした勤務実態に関するウェブ調査の結果である。有効回答人数は

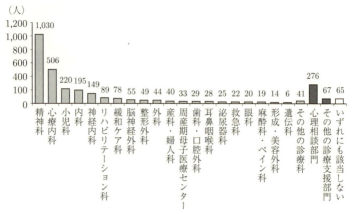

図2·1 臨床心理士の勤務先診療科・診療支援部門
出典) 藤代・花村・津川(2012)

1,466名で、うち男性381名、女性1,085名、そして20-30歳代の会員からの回答が891名(全体の60.8％)であった。臨床心理士の勤務する診療科・診療支援部門としては、精神科と心療内科が中心であるが、その他にも総合病院の心理相談部門、小児科、内科、神経内科等に配置されている。数は少ないが周産期母子医療センターや遺伝科にも渡っており、対象の広がりがわかる。

図2·2は国立病院機構大阪医療センター臨床心理室の心理相談件数の推移である。HIV感染症患者を中心に、年々相談件数が伸びていることがわかる。「精神疾患をもつ患者だけでなく、身体疾患をもつ患者が業務の対象となる場合も多く」(日本臨床心理士会第一期医療保健領域委員会, 2012)、身体疾患と共に生きるつらさを支援することへのニーズの高まりを示す一例である。仲倉(2013)は「当院臨床心理室では、徹底的に個人に焦点を当てて、大事にしています。先天的な障害を持って生まれてきたお子さんの発達検査

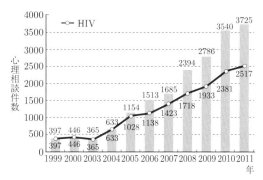

図2·2 大阪医療センターの心理相談件数（総数とHIV感染症患者対象の件数）
出典） 仲倉（2013）

の依頼であったとしても，ご高齢で予後が悪い患者さんのご家族であったとしても，できる限りおひとりごとに臨床心理士が担当するようにしています」と述べ，総合病院におけるアセスメントと支援の姿勢を明確にしている。

各診療科で対象とする疾患が異なり，特に近年は診療科内でも専門性が細分化されているため，まずはその疾患そのものへの医学的な知識を身につけることがアセスメントの前提となる。例えば脳神経外科であれば，交通事故等による頭部外傷や脳腫瘍が記憶，集中，言語といった高次脳機能にどのような影響をもたらすのか，また治療経過の典型例や予後はどうなっているのか等を把握する必要がある。**資料1**に，医療保健領域の臨床心理士の業務の対象となる疾患を列挙する。

各診療科に配置された職員は，上述の疾病に関する知識をチーム医療として共有し，そのミニマム・ベーシックを踏まえた上で，知能，パーソナリティ，そして神経心理学的アセスメントなど心理士の専門性が活かされる。

気分障害,統合失調症,パーソナリティ障害,神経症,心身症,広汎性発達障害,ADHD,学習障害,知的障害,認知症,摂食障害,PTSD,不安障害,強迫性障害,解離性障害,物質関連障害・依存症,脳血管障害,がん,糖尿病,視覚障害,聴覚障害,メニエール病,遺伝子疾患,筋ジストロフィー,HIV/エイズ,臓器移植,性同一性障害,高次脳機能障害,脳性麻痺,てんかん,筋委縮症,脊髄損傷,全身性エリテマトーデス,腎不全(透析),心臓疾患,クローン病,レックリングハウゼン病,パーキンソン病関連疾患,ジストニア,多発性硬化症,リュウマチ:バセドウ病,アトピー等の皮膚疾患,免疫疾患,チック,ピック病,不妊,育児不安,低出生体重など

資料1　医療保健領域の臨床心理士の業務の対象となる疾患
出典）日本臨床心理士会第一期医療保険領域委員会 (2012)

図2・3は,2011年度に臨床心理士が担当した心理業務の援助対象実人数累計である。援助対象実人数累計は,「援助対象実人数×援助した臨床心理士数」の総和として算出されている。外来・入院とも「心理検査」が一番多く,医療・保健領域業務の柱となってい

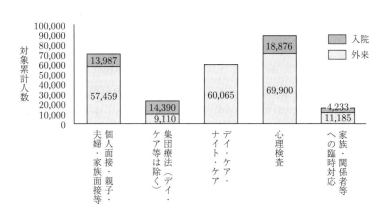

図2・3　一年間に担当した心理業務の対象累計人数
出典）藤城・花村・津川(2012)をもとに作成

表 2·1 精神科臨床における心理アセスメントの六つの視点（および各視点におけるポイント）

Ⅰ トリアージ
- A. 自傷他害の程度
- B. 急性ストレス（悪化しているか）なのか慢性ストレスか
- C. トラウマの有無（含む complex PTSD）
- D. 援助への動機や期待の程度
- E. いま自分が提供できる援助リソース

Ⅱ 病態水準
- A. 病態水準と防衛機制
- B. 適応水準
- C. 水準の変化
- D. 知的水準と知的な特徴（とくに，動作性能力）
- E. 言葉と感情のつながり具合

Ⅲ 疾患にまつわる要素
- A. 器質性障害・身体疾患の再検討
- B. 身体状況の再検討
- C. 薬物や環境因（大気など）による影響の可能性
- D. 精神障害概念の再検討
- E. 症状をどのように体験しているのか

Ⅳ パーソナリティ
- A. パーソナリティ特徴（とくによい資質）
- B. 自己概念・他者認知を含む認知の特徴
- C. ストレス・コーピング
- D. 内省力の程度
- E. 感情状態

Ⅴ 発達
- A. 平均的な発達
- B. 思春期や青年期の特徴をはじめとする年代ごとの心理的な悩み
- C. 年代に特有の症状の現われ方
- D. 発達障害傾向の有無とその程度（発達の偏り）
- E. ライフ・プラン

Ⅵ 生活の実際
- A. 地域的な特徴
- B. 経済的な面
- C. 物理的な面（地理，家屋など）
- D. 生活リズム
- E. 家族関係を含む対人関係

出典）津川（2009）

る。この結果はそのまま，心理士が医療から期待されている役割であり，実践の積み重ねであると読み替えてもいいであろう。

　ここまで，医療・保健領域におけるアセスメント業務の実態について各種調査を引用しながら記述した。ここからはアセスメントのなかみ，換言すれば臨床実践でのポイントについて言及したい。

　表2・1は，津川(2009)が単科の精神科病院，神経科クリニック，総合病院の神経科，大学病院の精神神経科における経験から，精神科臨床における心理アセスメントの六つの視点(および各視点におけるポイント)をまとめたものである。面接・観察・検査といった狭義のアセスメントつまり方法としての側面に留まらず，学派を超えたクライエントを理解するための包括的なモデルとして提案されている。質問のためのバラバラとしたチェックリストとして用いることは希望されていない(津川，2009)。

　例えば「II-A 病態水準と防衛機制」は自我心理学的対象関係論のカーンバーグ(Kernberg, O.)の知見(表2・2)を踏まえており，クライエントが訴える症状のみならず，その背景にある人格構造をアセスメントすることの大切さが述べられている。大変おおまかな捉え方ではあるが，神経症水準を「不安と葛藤」の病理，境界例水準を「衝動コントロールと不安定な対人関係」の病理，そして精神病水準を「現実吟味と自他境界の低下」の病理としておくと，クライエントの予後や治療におけるセラピストとの関係性を見通すためにも役に立つであろう。

　境界例水準のアセスメントについて「一次過程思考への退行傾向(面接場面では思考過程の歪みが観察されることは少ないが，投映法などの心理テストでは一次過程思考が顕著となる)」(森・桑原，2004)ことも指摘される。補足すると「一次過程思考が顕著となる」

表 2・2　人格構造の差異

	神経症	境界例	精神病
同一性統合度	自己表象と他者表象は境界鮮明。		自他境界不鮮明で，どこかに妄想的同一性あり。
	統合同一性：自己および他者の矛盾するイメージは綜合的概念の中で統合される。	同一性拡散：自他の矛盾する諸側面はうまく統合されず，分離したまま残存する。	
防衛操作	抑圧と高次の防衛：反動形成，隔離，取り消し，合理化，知性化。	主に分裂(スプリッティング)と低次の防衛：原始的理想化，投影的同一視，否認，万能感，卑下。	
	防衛は内的な葛藤から本人を守る。		防衛は本人を乖離，自他融合から守る。解釈は退行を招く。
現実吟味	現実吟味能力は維持されている：自己と非自己の分別，知覚および刺激の内的，外的起源の分別がある。		現実吟味能力の欠如。
	自己評価や他者評価の能力は現実的で，しかも深い。	現実と堅実感覚との関係が変転する。	

出典）森・桑原(2004)，カーンバーグ(1980)より引用

というのは「Ⅳ パーソナリティ」とも関わる部分で，具体的にはロールシャッハ法(包括システム)の Wsum6(Weighted Sum6；重みづけられた特殊スコアの合計得点)や FABCOM (Fabulized Combination；作話的結合)の上昇などに見られる，思考過程の混乱である。

　この種のデータは，外側からは観察しにくい症状を露わにしたエビデンスとしての価値を持っている。しかしながら同時にそういったデータ収集のみで終わらせるのではなく，それがクライエントの

「II-B 適応水準」つまり「暮らし」とどのように結びついているのか，そこまでがアセスメントの範囲であると理解することが肝要である。津川(2009)は，「心理検査で測定するワーキングメモリーのデータにメジャー(筆者注：major tranquilizer；抗精神病薬)が影響する」といっても，実際にどのように影響するのかは，生のデータとふれあって，それらを自分で検証しない限り臨床実感としてもたらされない，と述べている。

その他，「I トリアージ」は心理的危機状態のアセスメントとして「自傷他害」「自殺の危険性」など危機介入の判断と結びついており，心理士や医療関係者が「ヒヤヒヤする」場面でのアンカー(anchor；錨)として機能する。また「VI 生活の実際」は，4-3節「生物−心理−社会モデルとICFモデル」で重視される領域と重なり，精神科臨床においても社会福祉的アセスメントが欠かせないことを示している。

最後に医療と司法の関わりの一例として，2005年より施行された医療観察法を挙げたい。正式には「心神喪失等の状態で重大な他害行為を行った者の医療及び観察等に関する法律」という名称で，精神障害等の影響のもとで殺人，放火，強盗など重大な他害行為を行った対象者に対して，各地の専門的な施設で医療と観察を提供するための制度である。被害者に深刻な苦痛を生じさせるだけでなく，精神障害者がその病状のために加害者になるという点からも大変不幸な事態である。再び同様な事態を招くことなく，このような精神障害者の社会復帰を促進する(押切，2012)ことを目的としており，心理士も従来の精神鑑定を超えた様々な働きが求められている。

表2・3は，医療観察法入院処遇各期の目標と心理士の業務(厚生労働省，2012)である。急性期は入院から3ヶ月，回復期はその後9

表 2·3 医療観察法入院処遇各期の目標と心理士の業務

急性期 (1〜12週)	目標	初期評価と初期の治療計画の作成 / 病的体験・精神状態の改善 / 身体的回復と精神的安定 / 入院対象者との信頼関係の構築 / 治療への動機づけの確認 / その他
	アセスメント	病歴・家族歴・生育歴等の情報収集 / 人格形成に関する情報収集 / 心理検査による病状評価 / 問題行動の背景分析 / 治療計画作成のための神経心理学的検査(脳器質的な要因の検索・除外) / 病識尺度を使用した評価
回復期 (13〜48週)	目標	日常生活能力の回復 / 病識の獲得と自己コントロール能力の獲得 / 評価に基づき計画された多職種チームによる多様な治療 / 病状の安定による外出の実施 / その他
	アセスメント	人格形成に関するさらなる情報収集(投映法・質問紙法等心理検査) / 知能検査 / 不安,抑うつ,衝動性のアセスメント / 自尊心,自己効力感のアセスメント / 病識尺度を使用した評価
社会復帰期 (49〜72週: 退院)	目標	社会生活能力(服薬管理,金銭管理等)の回復と安定 / 社会復帰の計画に沿ったケアの実施 / 継続的な病状の安定による外泊の実施 / その他
	アセスメント	再教育的精神療法による,入院対象者自身が再発の危険サインを理解し対処法を習得するための支援(筆者注:対象者自身によるセルフモニタリング・アセスメント) / 自尊心,自己効力感のアセスメント / 病識尺度を使用した評価 / 退院準備に向けた心理検査の実施

出典) 厚生労働省(2012)をもとに,心理アセスメント関連部を抜粋し作成

ヶ月,そして社会復帰期はさらに6ヶ月となっており,合わせて概ね18ヶ月のプログラムが想定されている。各期の目標に合わせた狭義のアセスメントだけでも数多く,認知行動療法のための評価も

加えると、査定者として多くの働きが期待されている。急性期では「心理検査による病状評価」「治療計画策定のための神経心理学的検査」、回復期では「知能検査」「不安、抑うつ、衝動性のアセスメント」、社会復帰期では「自尊心、自己効力感のアセスメント」など、具体的に指定されていることも特徴である。特に「退院準備に向けた心理検査の実施」は、①再検査法によるプログラム効果の測定、②対象者自身によるプログラム効果の自己確認、③社会復帰に向けた肯定的資質の発見、などの目的を含んでいると思われ、アセスメントの治療的側面が国の制度に取り入れられたという意味で、先駆的である。

　ここまで手厚い医療と観察を、そのまま一般的な診療へと導入することは困難を伴うとも考えられる。しかしながら筆者はそのエッセンス、特に各期に応じたアセスメントを重ねていくというモデルへの認知が進むことを望んでいる。なぜならそれはクライエントに対するある時点での「評価」だけでなく、その「変化」を明確にすることのできる方法だからである。

2-2 教育領域

　教育領域では、学校と地域を幅広い視点から見立て、その上で児童・生徒と保護者に関わることが必要となる。コミュニティをアセスメントする観点から、教育熱心な保護者が多い地域なのか、経済的に苦しく失業率が高い地域なのか、あるいは両者の格差が目立つ地域なのかなど、その特徴を把握することは、そこで学ぶ児童・生徒のこころを理解する下地となる。心理アセスメントの手法として

は,フィールドワークを含めた「観察」や,地域の事情に詳しい人(例えば勤務歴の長い教諭や保護司)などとの「面接」から情報を得られる部分であろう。一人ひとりの違いを大切にして関わることと同じように,各学校・地域の違いを大切にして関わっていく姿勢が求められる。

柴田(2013)はスクールカウンセラーが「『教職員への助言』を求められることは多く,また必要であると誰もが感じているでしょう」とし,「このコンサルテーションの基となるのがアセスメントです」と両者の関係を整理している。教職員と保護者から助言を求められる問題は多岐にわたり,伊藤(2008)によると,次のような問題が提示されている。

> 不登校,いじめ,非行,自殺願望,リストカット,精神疾患の初期対応,虐待,発達障害,学力不振,仲間関係,親子関係,恋愛関係,生徒-教師関係など

一言で「いじめ」と言っても,そもそも1995年のスクールカウンセラー制度導入そのものが,1994年11月末に愛知県の中学2年生が級友のいじめを苦に命を絶ち,衆議院文教委員会が1994年12月8日に集中審議し,与謝野文部大臣が「早急に取り組む」と言明した(村山,1998)という不幸を背景としたように,「自殺」さらにはその後の学校コミュニティが被る混乱への緊急支援(窪田,2011)まで含めると,学校での問題は本質的に複合的であると捉えた方がよいであろう。これは「発達障害」に関しても同様で,生物学的要因を基盤としながらも「学力不振」など学習の問題,そして「仲間関係」といったコミュニケーションの問題として顕在化する。それ故に教育領域におけるアセスメントは,問題の背景にある各要因を細分化

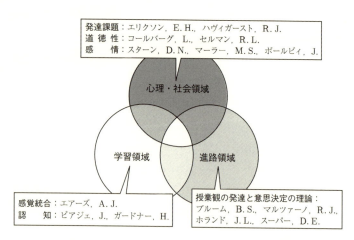

図 2・4　3 つの領域でのアセスメントに役立つ理論
出典）鈴村（2010）

して局所的に理解する能力と，それら細分化された情報をもう一度包括的にまとめ上げ，わかりやすい言葉で伝える能力の両方が必要となる。

　図 2・4 は，特別支援教育に欠かせない感覚統合，いじめや非行の支援に必要な道徳性，そして感情と発達課題などアセスメントに役立つ基礎理論を，鈴村（2010）が図示したものである。「学習領域」では認知と知能の発達に関してピアジェとガードナー，「心理・社会領域」ではパーソナリティと愛着の発達に関してエリクソンとボールビィなど，参照すべきモデルが提示されている。

　教師が日々の生徒・保護者対応に追われていると，こういった臨床的な理論モデルに思いをはせる余裕がなくなることがある。そういった場合，基本的には非常勤のスクールカウンセラーが，非常勤であるからこそ持てる客観的な視点を活かし，何が起こっているか，

わかりやすく理論モデルに則り説明することは，コンサルテーションとして有効であろう。

ここまで教育領域においてアセスメントを捉えるための原則について説明してきた。ここからはより狭義のアセスメントとも言える技術的側面について，一例として発達の偏りを取り上げながら記述したい。鈴村(2013)は，スクールカウンセラー(SC)が発達障害を理解する視点について，以下のようにまとめている。

> 発達の不均衡をアセスメントする時，SCには2つの姿勢が求められます。1つ目は定型発達の理論についての知識と障害についての医学的な診断概念を十分に持つことです。2つ目はそれらの知識を持ちながらも，学校教育の場では障害を医学的に治療する対象とせず，多様な発達のあり方の一つとしてとらえてニーズにあった教育的配慮を行う視点です。

前者はスクールカウンセラーの「心理士(psychologist)」としての側面を明確にした視点で，子どもの発達を正確に理解することの重要さを指摘している。また後者の視点は，アセスメントから得られた理解が学校で浮いてしまわないよう，換言すれば教育的支援につなげるために欠かせない姿勢と読むこともできる。この2つの視点は，これからのSCにとって必要条件であると筆者は考える。

前者の例を提示したい。図2・5は，LD(learning disability；学習障害)の「判断の根拠になる知的能力，つまり認知能力(知能)や学力に見られる個人内差を説明するモデル図」(上野，2005)である。合わせて上野(2007)による3つの個人内差の説明を基に，筆者が具体例を加え表2・4を作成した。タイプⅠは認知能力(知能)と学力の間に見られる差，タイプⅡは認知能力間の個人内差，タイプⅢは

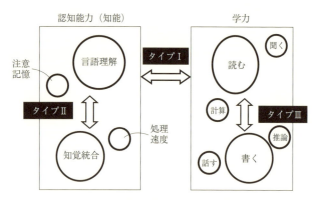

図 2・5 個人内差の 3 つのタイプ
出典) 上野(2005)

表 2・4 3 つのタイプの個人内差と具体例

	説　明	具体例
タイプ I	認知能力(知能)と学力の間に見られる差	K-ABC の「認知処理過程尺度」と「習得度尺度」の差
タイプ II	認知能力間の個人内差	WISC-IV の下位検査プロフィールのばらつき K-ABC の「同時処理」と「継次処理」の差
タイプ III	学力間の個人内差	「算数」「国語」など教科による成績の違い

学力間の個人内差とされる。

　タイプ I の例として、個別式知能検査の K-ABC を実施した際に、「認知処理過程尺度」が「習得度尺度」よりも有意に高いという結果が得られた場合、子どもが生得的に持っている認知能力が教室の中では開花していないことを示す。この種の結果を示す子どもは、① 家庭環境が安定していない、② 親の教育への関心が低い、③ 自

分の得意なことを把握できていない，などの可能性があり，「学校ではあまりうまくいっていないかもしれないけど，A君にはこれから伸びていける力があるよ」という査定者からの励ましが有効である。またタイプIIとして挙げることのできるWISC-IV下位検査評価点のばらつき，つまりプロフィールの凸凹は，自閉症スペクトラム障害など発達障害の裏付けとなる。そして「授業などで学力間のアン

表2·5 アセスメントのための情報収集

	本人から	保護者から	教員から	関係機関から
学習面	授業中の行動観察ノートのとり方，話の聞き方，指示の理解，発言，姿勢，鉛筆の持ち方	家庭学習の様子保護者の学習に対する姿勢，希望塾での学習状況	授業態度，一斉指示の理解個別指示の理解学習の習熟度作品，作文	適応指導教室，通級での学習状況
生活面	身だしなみ，清潔に気を配っているか給食／掃除の様子休日，放課後の過ごし方	身辺自立の発達家庭の躾の様子生活習慣(睡眠のリズム，食習慣)放課後，休日の過ごし方	身辺自立の様子遅刻，欠席給食／掃除の様子係り活動の様子保健室の利用状況	身辺自立の様子遅刻，欠席給食／掃除の様子
対人関係面	班活動の様子休み時間の行動学校内・外の友人関係教員との関係家族関係	放課後，休日の友人関係家族関係	学級内の人間関係教員との関係班活動の様子部活動の様子家族関係	集団活動の様子友人関係教員との関係家族関係
診断	診断名を知っているか，知っているとしたらどのように理解しているか，服薬についてどのような説明を受けているか	障害受容の段階専門機関の受診を勧められたことがあるか，受診したか，診断名を知っているか，服薬についてどのような説明を受けているか	誰からどのように診断名を聞いているか医療機関で診断を受けているか，いないか，服薬について保護者からどのように説明を受けているか	誰から，どのように診断名を聞いているか医療機関で診断を受けているか，いないか，服薬について保護者からどのように説明を受けているか

出典) 鈴村(2013)

バランスとして教師が気づく個人内差はタイプⅢである」(上野，2005)。こういった仮説生成のための有用性を考慮すると，この個人内差の分類はLDのみならずその他の発達障害，さらには定型発達の子どもの個性を把握する目的でも幅広く適用できると思われる。

そして教育的配慮にもとづくアセスメントについては，表 2・5 を参照したい。「本人から」「保護者から」「教員から」など，どのような対象からどういった情報を集めたらよいかがまとめられ，行動観察と面接が組み合わせられていることもわかる。子どもにとって学校は日常の場であるため，フォーマルなアセスメントに偏りすぎないよう，さりげなくニーズを探りながら進める態度がよいだろう。

最後に，学校のカウンセリングルームの中で施行できる検査を見ていきたい。表 2・6 に学校で用いることのできる心理テストの種

表 2・6　学校で用いることのできる心理テスト

目的・用途	心理テスト	適用 小	中	高	大
性格	YG 性格検査	(○)	○	○	○
	PF-スタディ		○	○	○
性格・病理	バウムテスト	○	○	○	○
	風景構成法	○	○	○	○
	HTP	○	○	○	○
	SDS	×	×	○	○
知能・発達	K 式発達検査	○	○	○	○
	WAIS-R	×	×	○	○
	WISC-Ⅲ	○	○	×	×
	K-ABC	○	×	×	×
家族関係	動的家族画	○	○	○	○
	親子関係診断検査	○	○	×	×
進路	VPI 職業興味検査	×	×	○	○

出典）高石(2009)

類と適用年齢がまとめられている。近年，個別式知能検査の再標準化が相次ぎ，WAIS-R は WAIS-III，WISC-III は WISC-IV，そして K-ABC は K-ABC-II へとそれぞれ改訂がなされていることを申し添えたい。これらのテストの選択理由は「簡便であること，妥当性が高いこと，被検査者と結果の共有ができること」(高石，2009)となっている。

「本人用」「保護者用」「教員用」の3種類の
ADHD チェックリスト：Conners-3

Conners-3(Conners 3rdEdition; Conners, C. K., 2008（田中訳，2011))は，ADHD(注意欠陥／多動性障害)とその周辺症状を評価する目的で開発された質問紙である。臨床的構成概念を踏まえた「不注意」「多動性／衝動性」「学習の問題」「実行機能」「攻撃性」「友人／家族関係」の6側面と DSM-IV-TR に基づいた「ADHD 不注意」「ADHD 多動性-衝動性」「素行障害(CD)」「反抗挑戦性障害(ODD)」の4診断について，標準化された得点(T得点)を使い評価する。統計的基盤がしっかりした質問紙である。また「本人用」「保護者用」「教員用」の3種類が用意され，言語表現の工夫により各対象者が回答しやすくなっているが，各項目の内容は以下のように一貫しており，比較が容易という特長を持っている。

・本人用：自分の番を待つのは，いやだ
・保護者用：自分の順番を待つのが苦手だ
・教師用：順番を待たずに話し始める

上述した6側面と4診断のまとめとなるプロファイル用紙が共通形式で作成されているため，本人の理解，保護者の理解，そして教員の理解を同じ土俵で比べることができる。すると何が起こるかというと「折れ線グラフとして視覚化された理解のズレ，ないし一致」である。教師は子どもの様子をみて ADHD を心配しているのに保護者は気にしていない，あるいはその逆ということもあるだろう。それらのズレを理解し話し合うことは，よりよいコンサルテーションにつながる。フィードバックを含んだ協働的アセスメントに活用しやすい質問紙と言える。

その他，自己イメージと対人関係の理解としての TEG-II，感情状態のアセスメントとしての POMS なども生徒・保護者へのフィードバックがしやすく，スクールカウンセラーとして信頼関係を作るための一技法として活用できる。

2-3 司法領域

大別して，① 少年鑑別所，少年院，刑務所など法務省関連の施設，② 少年サポートセンター，ヤングテレホン（電話相談），科学捜査研究部門など都道府県単位で設置される警察関連の施設，そして③ 裁判所・家庭裁判所が挙げられる。例えば家庭裁判所では，家事事件（離婚と親権の事案など）について家庭裁判所調査官による当事者への面接調査が，警察の少年サポートセンターでは，非行のリスクを抱えた少年の発見と声かけが繁華街で行われるなど，それぞれに応じたアセスメントやスクリーニングの技術が必要とされる。本項では，中でも非行に関連した要因の解明と処遇方針の策定を目的とした施設，つまりある意味アセスメントに特化した専門性の高い施設として，少年鑑別所におけるアセスメントを例に説明したい。

少年鑑別所は 1949 年の少年法及び少年院法の施行により発足し，現在県庁所在地を中心とした全国 52 ヵ所に設置されている。非行を起こした少年のうち，「審判を行うため必要があるとき（少年法第 17 条）」，実際には心身の鑑別の必要性，罪証隠滅のおそれの存否などに着眼されて運用されているが，家庭裁判所によりその必要性を認められた者が，基本的に 4 週間，最長 8 週間まで地域と家庭環境から物理的・心理的な距離を置いて過ごす。しかし面会や手

2-3 司法領域

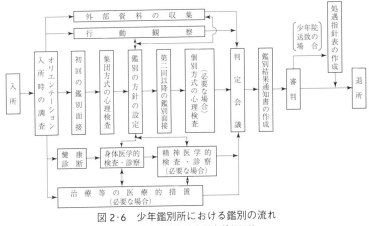

図 2・6 少年鑑別所における鑑別の流れ
出典） 法務省法務総合研究所(2012)

紙等の交流手段は保証され，必ずしも隔離されるわけではない。このように入所型の施設である点が特徴で，例えば虐待など不適切な家庭環境や薬物・性非行という悪の誘いに代表される対人関係リスクからの保護を図るとともに，少年自身が内面に目を向ける環境を整えた上で，鑑別(classification)を行う仕組みが整えられている。

図2・6は，鑑別の流れを図式化したものである。行動観察，鑑別面接，集団方式の心理検査，個別方式の心理検査など，アセスメントの主要な方法が網羅されていることがわかる。行動観察はさらに「収容中の日常生活場面における行動の特徴等を観察する通常の行動観察と，作文や絵画の作成，集団討議など意図的に場面を設けてそこでの行動を観察する意図的行動観察」(法務省矯正局/少年鑑別所のしおり)に分類される。収容中は学校を欠席せざるを得ないが，鑑別所内でも学習の機会は用意されており，少年がどのような姿勢で勉学と読書に取り組んでいるか把握することも，今後を予測する

上での重要な資料となる。図の「外部資料の収集」とは，家庭裁判所調査官との事例検討などを含んでいる。加えて「身体医学的検査・診察」「精神医学的検査・診察」も手続きに含まれており，4-3節で触れる「生物-心理-社会モデル」が提唱される以前から，その実践を行っていたことがわかる。

少年鑑別所で使用される代表的な心理検査等について，「2005年度版犯罪白書」をもとにみてみると，集団式すなわちすべての少年に実施される性格・態度の質問紙検査については，法務省で開発されたものが用いられている。集団式知能検査として「新田中B式知能検査」が採用されているのは，非行少年の中には不適切な環境，例えば教育への親の無関心故に落ち着いて学べなかった者もおり，そういった環境要因と内的な資質の関係をスクリーニングするためであろう。その結果，精査が必要であると感じられた時にWISC，WAISなど個別式知能検査が実施される。そして「もし環境が改善されたとしたら，この少年はどれほど潜在的成長可能性を持っているのだろうか？」という予後判断につなげていくわけである。

その他，パーソナリティも含めた個別式検査が実施される狙いは，① 統合失調症や解離性障害をはじめとした一般的な精神疾患，② 素行障害(Conduct Disorder)，反抗挑戦性障害(Oppositional Defiant Disorder)，間欠性爆発性障害(Intermittent Explosive Disorder)などDSM-5(2013)の基準そのものに非行行為が含まれる診断との近縁性，③ 自閉症スペクトラム障害など発達障害，等についての検討にある。その際には，それらの要因がどのくらい非行の事件性に影響を及ぼしたか，慎重にアセスメントを進める。

判定会議で複数の担当者により検査結果や行動観察からの情報が検討された後，鑑別結果通知書がまとめられる。鑑別結果通知書は

2-3 司法領域

「判定・判定理由」「精神状況」「身体状況(薬物の使用を含む)」「総合所見」などの項目から構成されており，非行を導くに至った要因の分析がなされ，処遇と社会的予後などに関する意見が記載される。その後，家庭裁判所に送付され，審判により少年院入院または保護観察などの処遇が決定される。

司法・行政機関の中でも，アセスメントが中核業務として明確に位置づけられた施設である。また短期間で集中的なアセスメントを行う際のひとつのモデルとして，他領域で勤務する心理士もその概要を理解しておくべきであろう。

2014年6月，従来の少年院法から独立させる形で「少年鑑別所法」が新たに制定された。それまでも運営上の意識はなされていたのであるが，観護処遇における健全育成への配慮と鑑別における縦貫性の拡張が明示され，盛りこまれる形になった(法務省，2013)。また第131条では「地域社会における非行及び犯罪の防止に寄与するため，関する各般の問題について(中略)技術的助言その他の必要な援助を行うものとする」とされた。このような一般相談のための施設として，名称は「青少年相談センター」等様々であるが，現在すでに地域の少年・保護者・学校関係者などを対象としてアセスメントと相談が行われている。例えば札幌少年鑑別所では施設そのものが別棟となっており，利用しやすくなるような配慮がなされている。

少年鑑別所で行われる心理アセスメントに関して，鑑別面接は，情報収集を主たる目的とする半構造化的な調査面接として受け取られるかもしれない。しかし，処遇に資する指針を得るためには，面接者との関係性・相互作用のレベルでは，治療的面接に近いものが求められることが指摘されており(小林，2008)，「鑑別と支援をつなぐ」という理念がさらに明確になりつつある。

◀まとめ▶

❏ 医療・保健領域のアセスメントでは，精神疾患，身体疾患，病態水準，人格構造，トリアージ，医療観察法などに関する，様々な知識が必要とされる。また臨床心理士を対象に行われた調査によれば，心理検査は外来・入院共に業務の柱となっている。

❏ 教育領域では，コミュニティをアセスメントする視点が欠かせない。いじめ，不登校など学校での問題は本質的に複合的である。また発達障害では，個人内差を含む認知能力に対するアセスメントと，そこから得られた知見を教育的配慮につなげる手立てが重要である。

❏ 司法領域では，アセスメントが中核業務に位置づけられている少年鑑別所について，心理士はその実際を知る必要がある。短期間で集中的なアセスメントを行う際のモデルとなる。少年鑑別所法では健全育成と縦貫性が謳われ，「鑑別と支援をつなぐ」理念が明確にされた。

◀より進んだ学習のための読書案内▶

津川律子（2009）．『精神科臨床における心理アセスメント入門』 金剛出版
 ☞心が暖かく実力のあるサイコセラピストになるためには，どのようなアセスメント実践が求められるのであろうか？　この問いに対し，著者は精神科での豊富な臨床経験を基に査定者の実力が試されるような主題を通して論考している。

村瀬嘉代子監修／東京学校臨床心理研究会編（2013）．『学校が求めるスクールカウンセラー——アセスメントとコンサルテーションを中心に』遠見書房
 ☞学校においてスクールカウンセラーがアセスメントを求められる場面を，幅広く想定して執筆されている。

藤岡淳子（2006）．『性暴力の理解と治療教育』誠信書房
 ☞非行少年と犯罪者を「理解不能な存在というよりも，むしろ思春期や子ども時代に乗り越えておくべき情緒的，社会的課題につまづいたままでいる人々」と捉え，性暴力行動，認知の歪み，感情交流の困難さなどをアセスメントするための具体的な手順が示されている。

3章

心理アセスメントの歴史

臨床心理学の原点

●キーワード

ゴールトンと個人差,ウィットマーの心理クリニック,知能検査とIQ(知能指数)の誕生,比率IQと偏差IQ,集団式知能検査,質問紙法,ロールシャッハ法,投映法,神経心理学アセスメント

臨床心理学の歴史において,心理アセスメントはその最も初期より取り組まれてきた実践的課題のひとつであった。障害や疾病も含め,ひとの「こころ」を定量化・概念化するための様々な方法が開発されてきたが,基本的な方向性として,ある集団における他の人と比べたときの違い(個人外差)という方向から,個人の中での偏り(個人内差)を重視する方向へ変化してきたと言える。図3・1は,アセスメントの歴史を簡略化して年表にまとめたものである。対象の広がりと方法の洗練過程を想像することができるだろうか。

本章では様々なアセスメントの方法が誕生した経緯と背景について,「個人差への関心」「臨床心理学の始まりと心理アセスメント」「知能検査とIQ(intelligence quotient;知能指数)の誕生」といった

テーマ		理論と実践	認知機能	
			知能検査	神経心理学的検査
個人差への関心	1870-	ヴントの心理学実験室(1879)		
	1880-	ゴールトンの人間測定実験室(1884)		
	1890-	キャッテルのメンタル・テスト(1890)		
		ウィットマーの心理クリニック(1896)		
知能検査の誕生	1900-		ビネー・シモン式知能検査(1905)	
	1910-		ターマンの知能指数(1916)	
集団式検査の開発			ヤーキーズの陸軍式集団知能検査(1917)	
	1920-			
投映法とパーソナリティ	1930-	オルポートの人格心理学(1937)	ウェクスラー・ベルビュー尺度(1939)	
		フランクの投影理論(1939)		BGT(1938)
神経心理学的検査の誕生	1940-	マレーのテスト・バッテリー(1940-)	WISC(1949)	Rey-O 複雑図形(1941),WMS(1945) WCST(1948)
	1950-		WAIS(1955)	コース立方体組み合わせテスト(1959)
質問紙法の洗練	1960-		WPPSI(1967) ITPA(1968)	
妥当性の検証と再標準化	1970	コーチンによるアセスメント理論(1976)	WISC-R(1974)	MMSE(1975)
	1980-		WAIS-R(1981) K-ABC(1983) WPPSI-R(1987)	WAB 失語症検査(1982) WMS-R(1987)
	1990-		WISC-III(1991) WAIS-III(1997)	WMS-III(1997)
心理療法としての展開	2000-	フィンの治療的アセスメント(1997/2007)	WISC-IV(2003) WAIS-IV(2008) WAIS-V(2014)	BGT-II(2003) WMS-IV(2009)
	2010-			

図 3・1 心理アセスメントの歴史

パーソナリティ/症状評価		日本語版
投映法	質問紙法	
	ウッドワース人事テスト(1919)	
ロールシャッハ法(1921) 人物描画法(1926)		三宅式記銘力検査(1924)
		鈴木ビネー式知能検査(1930)
TAT(1935) ワルテッグ描画テスト(1939)		
	MMPI(1940)	田中ビネー式知能検査(1947)
PF-Study(1945) バウムテスト(1949)		
文章完成法(1950)		
ハンドテスト(1962)	BDI(1961)	MMPI(1963), YG性格検査(1968), WPPSI(1969)
ロールシャッハ法： 包括システム(1970) 風景構成法(1970)	MCMI(1977)	HDS(1974)
	NEO-PI(1985)	田中ビネー式知能検査全訂版(1987)
	MMPI-2(1989) NEO-PI-R(1990)	WISC-R(1989), WISC-R(1989)
	BDI-II(1996)	WAIS-R(1990), HDS-R(1991)
		MMPI新日本語版(1993) WISC-III(1998)
	MMPI-2-RF(2008) Conners-3(2008)	田中ビネーV(2003) WAIS-III(2006)
ロールシャッハ法： R-PAS(2011)		WISC-IV(2010) Conners-3(2011)
AAP(2012)		MMSE-J(2012)

各項毎に取り上げていきたい。またその際に単に過去を振り返るのでなく，先人の業績が現在の実践にどのように貢献しているのか，またどのように活用することができるのかということについても触れていきたい。

3-1
個人差への関心

イギリスの遺伝学者であるゴールトン(Galton, F.)は，聡明な親は聡明な子どもを作り，よい身体的特徴を持つ親はそれを子どもに伝えるという仮説を立てた。彼は進化論でノーベル賞を獲得したダーウィン(Darwin, C. R.)のいとこにあたり，生物学的な差異や遺伝，特に知能との関係に強い関心を向けていた。フィールドワークとしても面白い発想であるが，タイムズ誌(筆者注：英国の高級紙で，日刊紙としては世界最古)の死亡欄に掲載されている人を有名人とする仮定をおいたうえで，その一人ひとりの親戚をたどって血縁関係を調べ，そこから法則を見出し『遺伝的天才：*Hereditary Genius*』(1869)として発表した(荒川，2012)。同時期に世界衛生博覧会を中心に12,000人以上の頭の大きさを計測し，最終的に知能は遺伝の影響を強く受けていると結論づけた。ゴールトンの研究は「人間の能力とその発達研究」(1883)に集められているが，その目次には今日の臨床心理学のテーマを認め，「統計的方法」「感覚」「犯罪者と狂者」「知的差異」「双生児の歴史」「早婚と晩婚」など幅広い関心を読み取ることができる。

裕福な紳士であったゴールトンは自らの研究を心理学の範疇に明確に位置づけようとはせず，研究の動機としても個人的な関心が強

知能と遺伝

「知能は遺伝の影響を強く受けている」とするゴールトンの結論は，果たして正しかったのだろうか？「氏か育ちか(nature or nurture)」という本質的な疑問に基づき，双生児，きょうだい，親子など生物学的に遺伝子を共有する人の比較研究が，医学や教育学と同様，心理学の領域でも行われてきた。表は，知能指数の相関について，同居しているかどうかという要因も含めまとめたものである。

一卵性双生児でかつ同居つまり同じ環境で育った二人は0.86と，この表中で一番強い相関を示している。別居つまり違う環境で育っても0.78と相関は高く，遺伝的要因の影響が強く認められる。一方，同居であっても，二卵性双生児の相関は0.60とやや低い。

親と子どもの関係では，生物学上の親子かつ同居，生物学上の親子であるが別居，養子つまり生物学上の親子ではないが同居の順番で相関が高くなっている。双子の場合と同じ順番である。

しかしながらきょうだい関係では，両親ともに共通かつ同居のきょうだいの相関係数が0.47と一番高くなるところまでは同じであるが，両親

関係	同居しているか	遺伝子の共有	知能検査の相関関係(r)
双子			
一卵性双生児($n=4,672$)	Yes	100%	0.86
一卵性双生児($n=93$)	No	100%	0.78
二卵性双生児($n=5,533$)	Yes	50%	0.60
親と子ども			
生物学上の親子($n=8,433$)	Yes	50%	0.42
生物学上の親子($n=720$)	No	50%	0.24
養子の関係($n=1,491$)	Yes	0%	0.19
きょうだい			
生物学上のきょうだい(両親ともに共通) 　($n=26,473$)	Yes	50%	0.47
養育上のきょうだい(両親が共に違う) 　($n=714$)	Yes	0%	0.32
生物学上のきょうだい(両親ともに共通) 　($n=203$)	No	50%	0.24

出典) Plomin et al. (2001)

> ともに共通であるが別居のきょうだいの相関係数が0.24と,例えば再婚同士で生まれた新しい家族など,生物学上の両親は異なっているが同じ環境で育ったきょうだいの相関である0.32よりも低くなっており,逆転するという興味深い結果が得られている。
>
> 概括するとゴールトンの結論通り,知能検査を用いた実証的研究における遺伝の影響は強く,遺伝子の共有割合が高いと相関係数も高くなるという結果が示された。しかしながら生物学上のきょうだいであっても,離ればなれに暮らした場合の相関は0.24と,それほど高くならない。常識的な結論に帰着するが,おそらく「氏も育ちも」大切なのであろう。

かったようで「そんな彼にとっては何事も道楽であった」(Hogan, 2007)と評されるほどである。しかし個人の能力と資質を見る方法として,二次元分布図など統計的な手法に着目したパイオニアであり,今日の心理アセスメントにつながる「個人差」と「ひとりひとりの違い」に目を向けた意義は大きい。その意味で彼は,人間の意識(環境や自分自身に対する,個人の主観的な考え方や経験)をはじめて科学的研究の対象としたヴント(Wundt, W. M.)と並び,心理学史上の高い評価が与えられている。

心理学のはじまりにもふれておきたい。時代は少し遡るが,1879年ドイツのライプチヒ大学において,ヴントは世界初の心理学実験室を開設した。彼は,こころは外側から直接見ることができないから,本人に言葉で報告してもらおうと考え,「今の気分はどうですか?」「あなたは誰ですか?」といった具体的な質問に対する回答を分析したのである。「意識心理学」と呼ばれる所以である。

ヴントの研究は,心理学を哲学から独立させ,実験科学としての基礎をうちたてることにつながった。また彼は多くの後進を指導し,世界各地に心理学実験室を誕生させるきっかけを作った。

アメリカ人のキャッテル(Cattell, J. M.)は,音などの刺激に対する反応時間の個人差を研究し,ヴントのもとで博士号を得ている。帰国後,ペンシルベニア大学を経てコロンビア大学に着任し,1890年には大学生を被検者としたメンタルテスト(Mental Test)を作成し,こころの能力を数量化する研究を積み重ねた。メンタルテストは主として10種類の実験から構成され,「額(ひたい)の真ん中に実験器具で少しずつ圧力をかけると,どの位の強さで痛みを感じるか(痛み知覚の閾値に関する実験:Pressure causes pain)」「鉛筆でテーブルを叩きながら,ちょうど10秒になるよう数える(主観的な時間と客観的な時間の違いに関する実験:Judgment of 10 seconds time)」などの課題も含まれていた。キャッテルは,精神物理学,つまり測定と数量化技術の発展に大きく貢献した。文学や哲学の対象であった「こころ」が,次第に科学的な研究の対象として認知されるようになった時代である。

3-2 臨床心理学の始まりと心理アセスメント

コロンビア大学のキャッテルのもとで助手として研究を進めたウィットマー(Witmer, L.)は,師同様にライプチヒ大学へ留学し,ヴントのもとで学んだ。学位論文のテーマは,古代ギリシャ以来最も美しい比率と言われる黄金分割であった。彼は1892年にアメリカへ戻り,ペンシルベニア大学に職を得た。基礎心理学の研究室を率いながらも,ライプチヒ大学で暖め続けていた心理学の臨床的応用について実現の機会を探り,その意志は言語発達の問題を抱えた児童の事例研究を通して形になりつつあった。そして1896年,世界初

の心理クリニック(Psychological Clinic)を創設するとともに，**臨床心理学**(clinical psychology)という用語を提唱した(Korchin, 1976)。

このクリニックの開設は，臨床的アセスメントの始まりとしても，重要な意義を持っている。ウィットマーの心理クリニックでは，公立学校の要請を受けて，学習困難児の治療教育を担うようになっていった。有名な「いつもスペルを間違える症例」(Hogan, 2007)など，今日では学習障害あるいは精神発達遅滞と考えられる子どもが医師による検査と並行して，眼球テスト，反応時間など特定の能力に関連した心理測定を受けたのである。それらを通して子どものつまづきを理解し，改善のための再訓練が行われていった。知的機能を含んだ心理的能力を測定し，学習上の困難や教室での行動と関連付け，その上で具体的な手立てを教えるという，現代のアセスメントを踏まえた支援につながるアプローチのひな形となったのである。構音障害の原因の一つに幼少期の脳損傷があることを，読み書き障害を示した少年の視覚的異常から見出したことも，研究上の業績として特筆される。

ウィットマーは治療に加え，予防と早期診断の大切さを強調していた。1896年のアメリカ心理学会における講演で，以下のように述べている。

> 臨床心理学は多くの人間を一時に一人ずつ検査して得られた結果から生まれたものである。心的諸能力や欠陥を識別する分析的方法を用い，かつ分析したあとで一般化するという方法によって，観察された行動の秩序だった分類が推し進められた。<u>心理診療所の機能は多面的なものであり，社会的・公共的なサービス，独創的研究，心理学的適応や発生予防を学ぶ学生の教</u>

育などのための公共機関となるべきである。なお適応や発生予防の内容は，職業，教育，矯正，衛生（筆者注：現在の精神保健），産業，社会的ガイダンスなどに広く及んでいる(Korchin, 1976)。
（下線は筆者）

筆者にとって，この視点は今でも古びていないように思われる。そのことは彼のクリニックが，心理士，精神科医，そしてソーシャルワーカーから構成されていた事実を踏まえると，より説得力を持つのではないだろうか。特に下線部は，大学に附属した心理臨床センター/心理相談室が持つべき「地域支援」「研究」そして「教育」の機能を端的に表現した文言として，そのまま現在でも通用すると考える。

知能検査とIQの誕生

一方，フランスでは1882年に義務教育法が公布され，初等教育の改革がなされつつあった。そのこと自体は大変素晴らしいできごとで，法律上すべての子どもに無償で教育を受ける機会が保証されたのであるが，それは同時に「同級生ほどには学校で与えられる教育からの恩恵を受けることができない」精神発達遅滞児の存在を浮かび上がらせることにもなった。

そこで1904年にパリの公教育省により「特別な配慮のもとでの教育が望ましい子どもを見つけるために手を貸してほしい」との依頼を受けた心理学者のビネー(Binet, A.)が，1905年に医師のシモン(Simon, T.)と共同で開発したのがビネー・シモン式知能検査であ

る。これをもって，知能検査の誕生とされる。

　シャクターら(Schacter, Gilbert, & Wegner, 2009)によると「ビネーとシモンの心配は，どの子どもが特別支援教育を受けるべきかという問題について，もし教師がその選択を許されたとしたら，精神発達遅滞の子どもを対象とした教室は，経済的に恵まれない子どもでいっぱいになってしまう。また，もし両親がその選択を許されたとしたら，その教室には誰もいなくなってしまう」という点にあった。故にそういった不公平を避けるために，客観的なものさしが考案される必要があった。

　初版のビネー・シモン式知能検査は，次第に難しくなる順番で並べられた，互いに異なる30個の課題から構成された。1908年版では課題が57個に増えるなど大幅な改定が加えられ，精神発達遅滞のスクリーニングだけでなく，定型発達をも対象とした知的水準の判定が可能となっている。各課題が年齢毎に配分されるという，いわゆる「年齢尺度」としての形式が整ったことも覚えておきたい(Binet & Simon, 1954)。

　具体的な問題は，注意，集中，記憶，語彙，言葉の使い方，日常生活での動作，習慣など，様々な領域から選択されている。「自分の性(男，女)を言う」(4歳)など，現在では主に発達検査で使われる問題も含まれている。ビネーが知能を単純な心的過程(実験室で研究対象とされていたような単一の能力)としてではなく，より高次の精神機能(複雑で日常生活での学習や行動に影響を与える機能)に属するものとして捉えていたことがわかる。この点についてコーチン(1976)は「ビネーのもっとも古い知能検査でも，知能はその本質において多くの機能の分析によって計測されるべきだとされ，単一の測度で判断できるようなものではないと考えられていたことは指

摘しておくに値する」としている。子どもの知的能力を客観的に測定することによって学校での適応を予測し、その後の的確な支援に役立つことが明らかになっていった。

ビネーは「知能は傾向の束のような全体的な存在である」と定義した。これを精神機能統一論と呼ぶが、その上で方向性(一定の方向をとり、持続しようとする)・目的性(目的を達成するためにはたらく)・自己批判性(自己の反応結果について適切に自己批判する)の3機能を持つとも考えていた。問題が生じたときに一貫してその解決に取り組み、自分が間違っていた場合にはそれを修正できる能力、いわば**自然な知性**(natural intelligence)と表現できるような能力を想定していたのである。

ビネーとシモンは、知能検査の結果を**精神年齢**(MA：mental age)として示した。例えば「実際には9歳の児童であるけれども、記憶、計算、言語表現など様々な課題における能力を平均すると、知能の発達(精神年齢)は6歳の児童に相当する。従って、彼の能力を伸ばすためには特別な支援が必要である」と、シンプルに年齢あるいは月齢という単位を使って記述する方法である。そこにドイツのシュテルン(Stern, W., 1914)は、この精神年齢と生活年齢(CA：Chronological Age)を比較することで、知能の発達をより安定して示すことができるのではと考え、**知能指数**(IQ：intelligence quotient)を提唱した。

これを受けたアメリカのターマン(Terman, L. M., 1916)が、標準化研究により集められたデータをもとに、**比率 IQ**(ratio IQ)として大変シンプルな計算式を発表したのが、現在に連なる IQ 概念の誕生である。

例えば生活年齢4歳の児童が、知能検査において精神年齢4歳の

比率 IQ の計算式

比率 IQ ＝精神年齢(MA)／生活年齢(CA)× 100
　　例1：生活年齢5歳の児童が，6歳児に相当する成績を獲得する
　　　　（精神年齢6歳）と 6/5 × 100 ＝ 120　となる。
　　例2：生活年齢10歳の児童が，7歳児に相当する成績を獲得する
　　　　（精神年齢7歳）と 7/10 × 100 ＝ 70　となる。

注：実際には，6歳＝72ヵ月のように，月齢に換算して計算する。

結果を獲得すると，IQ ＝ 4/4 × 100 となり，実際の年齢と知的な能力が釣り合いながら発達していることがわかる。つまり IQ ＝ 100 を平均として，精神年齢が生活年齢よりも上であれば優秀な子どもと見なし，下であれば遅れがあると推測できるようにしたのである。

ターマン(1916)による比率 IQ は，その単純さと明快さ故に急速に広まり，賢さや知能の同義語として広く一般的に使われるようになった。しかしながら同時に，様々な誤解を生じさせるきっかけにもなった。この点について上野(2012)は「やがて精神年齢や IQ 概念による知的物差しで表す数値が，人間の価値観にまで及ぶような誤解が一部にあり，検査の利用法のみならず，検査の存在そのものの批判にまで至ることさえあった」と指摘している。

また年齢尺度を採用したことによる，方法としての限界もあった。例えば生活年齢5歳の児童が精神年齢7歳の結果を得た場合 IQ ＝ 140 となり，知的水準は非常に高いということになる。しかしながら成人を対象とした場合はどうなるだろうか。記憶，集中など特定の知的機能は発達してピークに達し，その後は加齢により低下する。そもそも知能検査から得られた成績を換算した数値である分子を，生活年齢という時間の単位である分母で割るという公式には，ある

種の数学的強引さが内包されているわけであり、これではIQの意味がよくわからなくなってしまう。

比率IQは、児童を対象に知的能力の発達の進み具合を把握するには優れた測度である。しかしながら知的能力が既に発達した成人を対象とするには、また異なった方法が必要とされたのである。

知能の定義

発達心理学者のピアジェ(Piaget, J.)、一般知能(g因子)と特殊知能(s因子)の分類を行ったスピアマン(Spearman, C.)、そしてアメリカ心理学会等による知能の定義をまとめたものが下の表である。いずれも個人内にある「能力」として定義しているが、それに留まらず「生体の環境に対する活動と環境の生体に対する活動を均衡させる」(ピアジェ)、「生活の新しい課題や条件に対する」(シュテルン)、「新しい場面で利用する」(アメリカ心理学会)など、「環境」との相互作用を含んでいることに注目したい。知的能力の低さや偏りによる適応上の問題が生じるかどうかは、その個人が置かれた生活環境と社会資源によるところも大きい。4章でふれるICFモデルにもつながる定義である。

生体の環境に対する活動と環境の生体に対する活動を均衡させる能力	ピアジェ
物事の関係を認識する能力	スピアマン
生活の新しい課題や条件に対する一般的精神的順応力	シュテルン
知能検査で測られたもの	フリーマン
目的的に行動し、合理的に思考し、環境を効果的に処理するための、個人の集合的ないし総体的能力	ウェクスラー
学習する能力、学習によって得た知識や技能を新しい場面で利用する能力であり、その得た知識により選択的適応をすること	アメリカ心理学会

3-4 ウェクスラー式知能検査の誕生

この問題に正面から向き合ったのが，1932年にニューヨーク大学ベルビュー病院の心理学部門長となったウェクスラー(Wechsler, D.)である。ウェクスラーが対象とした患者は，統合失調症，双極性障害，脳器質性疾患，頭部外傷後の高次脳機能障害などであった。彼は，スタンフォード・ビネー式知能検査を用いて成人患者を対象にした場合，同じIQや精神年齢を示していても，その知的な問題の現れ方は様々で，かつ臨床症状も異なる点に注目した。シンプルな精神発達遅滞であれば，知能発達の水準(level)を調べれば良いが，二次的な知的機能の問題を持つ患者には，より個別的に知能の構造(structure)を把握することが必要であると考えたのである。

このことにはビネー式知能検査の限界を補う意味があった。そこで，知能の構造を明確にできるような課題，いわゆる下位検査をそれまでに出版されていた複数の知能検査から選択していったのである。例えば，コース立方体組み合せテストから「積木模様」，陸軍式知能検査β版から「符号」，そしてスタンフォード・ビネー式知能検査から「数唱」「類似」「語彙」検査などが引用された。それらの結果をまとめたものが1939年のウェクスラー・ベルビュー尺度であり，さらなる標準化研究を経て，1955年に初版のWAIS(Wechsler Adult Intelligence Scale)出版に至った。

結果の処理に関する特徴は，各下位検査から得られた素点を各年齢集団毎に定められた「評価点」へと換算する仕組みを開発したことである。評価点の基準は統一されており，「平均10，標準偏差3」となっている。いわゆる偏差値の考え方を導入した**偏差IQ** (deviation IQ)の概念が明示されることにより，年齢尺度に縛られることなく様々な集団を統計的に比較することが可能となった。「ウェクスラーは，テスト構成の指導的立場の研究者より若かったが，そのため彼は，尺度の組み立てを始める前に検査者としてかなりの経験を積むことができ，先行者よりも有利であった」(Popplestone & McPherson, 1999)。

ウェクスラーは知的機能について当初，言語的因子と動作的因子の2群を想定していた。言語的因子は話し言葉や文字を介して表される知的機能であり，概念，知識，理解などの抽象的な思考を反映する。対して動作的因子は，視覚や運動機能を介して表される知的機能で，より具体的な思考を反映する。そして広範囲にわたって個人の能力を測定するために，両因子に対応した課題を下位検査として作成したのである。以上の考えに基づき，彼は知能を「自分の環境に対して目的的に行動し，合理的に思考し，効果的に処理する個々の能力の集合的または全体的なものである」(Wechsler, 1958)と定義した。これは意欲や性格要因とも関連する柔軟な課題解決能力として知能を位置づける定義である(Wechsler, 1991)。

標準化研究における対象者は，アメリカの社会階層，人種構成，そして教育歴などに合わせて慎重に選択された。スタンフォード・ビネー式知能検査との併存的妥当性も確認され，およそ0.8の相関

偏差IQの計算式

$$\text{偏差 IQ} = 100 + 15 \times \frac{(\text{個人の得点} - \text{標準化集団の平均得点})}{(\text{標準化集団の標準偏差})}$$

＊各年齢範囲毎の「標準化集団」が設定されている。

を得ることができた(Korchin, 1976)。

　児童を対象とした WISC(Wechsler Intelligence Scale for Children)の開発も並行して進められ，1949年にはその初版が公刊された。1967年には幼児を対象とした WPPSI (Wechsler Preschool and Primary Scale of Intelligence)が開発され，年齢に合わせた3種のウェクスラー式知能検査が揃うこととなった。日本版については，1958年に児玉ら(児玉省・品川不二郎・印東太郎)によって WAIS が翻訳・標準化された。

　木谷ら(2007)による「IQ とは，初めての場面で，初めての検査者と，初めての課題という環境において，一人でどのくらいの能力を発揮できるかをみる『社会性の基礎能力』である」という定義は，知能検査のインフォームド・コンセントとしても有用であろう。

3-5 集団式知能検査の開発

　このように個別式知能検査が教育と医療を中心に発展する一方，集団式知能検査もアメリカの軍隊を中心として開発が進められた。その成果が，1917年のヤーキズ(Yerkes, R.M.)による陸軍式知能検査である。ペーパーテスト形式を採用しており，当初は言語性課題による α 式のみであったが，外国からの移民など英語を母国語としない被検査者にとっては不利にはたらくため，その後図形課題などから構成される β 式が開発された。α β 式はその混合である。第一次世界大戦(1914-1918)における兵士の適材配置が目的であり，大量の志願者に対応するためには，短時間で効率よく実施する必要があったのである。また「上官の命令を実行する能力をとらえるため

に課題には時間制限が課せられた」(鈴木, 2012)ともされている。

集団式知能検査は, ある特定の集団における個人の知能の水準や特徴を, 費用対効果の観点から効率よく把握するためには有用な方法である。そのため当初の軍事目的から, 教育における活用へとその適用範囲を広げていった。1930年代にオーティス即時得点化心理能力テスト(Otis Quick Scoring Mental Ability Test)として初版が出版され, 現在はオーティス・レノン学力テスト(Otis-Lennon Mental Ability Test)と名前を変えた, 学業成績を予測する言語的・非言語的推論能力を測定する多肢選択式課題がその代表である(VandenBos, 2007)。ホーガン(2007)は「オーティスが集団式の知能検査を作成した目的はビネーの知能検査の実施であったこと, 集団式と個別式のテストの作者たちが, 知能に関する同一の研究基盤に立って開発していることを考えれば, 内容の類似性は驚くにあたらない」と指摘している。

日本ではヤーキーズによるα式/β式の分類を踏まえ, 動作性課題のB式知能検査(1936)が田中寛一によって開発された。田中ビネー知能検査の歴史については, 中村・大川(2003)に詳しい。その他, 京大NX式知能検査, 教研式学年別知能検査などが開発され,

表3·1　集団式のテストの特徴

- ・多人数の集団に対して実施できる
- ・項目は多肢選択式で, 機械採点される
- ・個別式のテストと内容が類似している
- ・実施時間と項目数が固定されている
- ・実施時間は1時間または3時間のものが多い
- ・総合得点と下位得点が作成される
- ・研究基盤が大規模である
- ・主な目的は予測である

出典)　Hogan(2007)

現在でも使用されている。

これらの検査は，医療領域など個別支援が中心となるような場面で実施されることはほとんどないが，① 対象者が属する集団における個人の相対的位置づけの把握，② 学業における成功の予測，③ コホート研究(cohort study)などでその強みを発揮できる。都市部の学校に通う児童と郊外の学校に通う児童の知的能力の発達的推移を比較する，などがその一例であろう。

表3·1に集団式のテストの特徴をまとめているので参照して欲しい。

3-6
パーソナリティの個人差

知能検査とIQ概念ほどには社会からの急速な注目を集めることはなかったが，パーソナリティの個人差を対象とした研究とアセスメントも同時期に発展していった。その源流の一つは，先に述べたシュテルンに求めることができる。

シュテルンは，それまでの心理学がこころのはたらきに関する普遍的な原理や法則の発見に注力しすぎていたと考え，もっと個性の研究(the study of individuality)に取り組むべきだと主張した。「私は，ひとりひとりの間の心理学的差異に独立した理論的問題としての地位を与え，適切な科学的方法で扱うことに着手した」(Stern, 1930)のである。矢野(1994)によると「シュテルンは，知能検査の発展に自ら貢献しながら，あまりにも普及しすぎた知能検査や知能指数の概念が，人格の一部である知能を独立した機能であるかのように孤立させた弊害を，後になって自ら批判せざるをえなかった。

彼は後に,自らの人格主義の立場から,知能は目的的で創造的なものであり,そのようなものとして人格の中に統一されているものであることを,強調しなければならなかった」。したがって,知能検査による知能は,興味や性格特性などの質的な診断によって補われなければ価値を持たない(Stern, 1930)。そして,直接に観察される具体的な行動としての「現象」,一過的かつ間接的ではあるが目的性を伴った「行為」,そしてここが当時は重要であったと思われるが,それら「現象」と「行為」の背景に存在し,個人が持続的に保有している「素質」ないし「個性」という分類を行った。

この分類はハーヴァード大学を修了後,ドイツで研究をすすめていたオルポート(Allport, G. W.)にも影響を与えた。彼はパーソナリティの基本的単位としての**特性**(trait)に注目し,母校に教職を得た後,**人格心理学**(personality psychology)を確立したのである(Allport, 1937)。そして,彼に続く研究者達が,様々な特性を測定するための**尺度**(measurement)と**検査**(test)を開発するきっかけとなった。

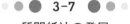

3-7 質問紙法の発展

時は前後するが,質問紙法という観点からすると今日用いられている客観的パーソナリティテストの原型となったのはウッドワース人事テスト(Woodworth Personal Data Sheet)である(Woodworth, 1919)。徴兵に利用するためにつくられ,基本的には紙と鉛筆を使って「はい」か「いいえ」で回答する(全部で116問)。このテストは,第一次世界大戦中に戦闘中の情動的錯乱,具体的には後方から

味方兵士を銃で撃つなどの事故の発生を減らすための努力からはずみがつき(Popplestone & McPherson, 1999)，不安，恐れ，そして情動のコントロールに関する項目が含まれていた。しかしながら一方でウッドワース人事テストの採点方法は「全般的な適応」という単一次元(uni-dimensional)尺度のみで，その他の詳細な特性を描写するには至っていなかった。

いわゆる多次元(multi-dimensional)尺度から構成される質問紙の始まりは，バーンリューター(1931)による人格検査(Bernreuter Personality Inventory)である。① 神経症傾向(neurotic tendency)，② 自己充足(self-sufficiency)，③ 内向性-外向性(introversion-extraversion)，④ 優越-服従(dominance-submission)，⑤ 社交性(sociability)，そして⑥ 自信(confidence)という6つの特性について得点を算出する仕組みが開発された。バーンリューターの尺度は当時高く評価され，幅広く使われるようになった(Weiner & Greene, 2008)。そして現在使用される，多くの多次元構成による人格検査の先駆けとなった。例えば，ミネソタ多面人格目録(MMPI; Minnesota Multiphasic Personality Inventory)，ミネソタ多面人格目録-思春期・青年期版(MMPI-A; Minnesota Multiphasic Personality Inventory-Adolescent)，ミロン臨床多軸目録(MCMI; Millon Clinical Multiaxial Inventory)，人格査定目録(PAI; Personality Assessment Inventory)，ネオ人格検査(NEO-PI; NEO-Personality Inventory)などである。

この尺度は狩野(1958)によって日本語版の標準化が行われ，「労研(筆者注：労働科学研究所)パーソナリティテスト」として公刊されている。狩野(1958)はその企図について，本テストで表現されている特性が後述のように比較的人間の社会行動的パーソナリティの面

をとらえていること，したがって，性格異常や，非行，犯罪傾向などの診断のためというよりは人の採用配置という面に役に立つようなパーソナリティテストもまた必要であると考えたからであると述べており，個人の資質や適性を把握するというアセスメントの本質が，当時から意識されていたことがわかる。

1930年代の中頃，心理学者のハサウェイ(Hathaway, S. R.)と精神科医のマッキンリー(McKinley, J. C.)はそれまでの質問紙法の限界，つまり項目への反応態度（例：採用試験において自分を良く見せようとする態度）や虚偽の報告という問題を乗り越えようという動機，さらには各尺度得点の持つ臨床的意味をさらに明確にしようという動機のもとに研究をすすめていた。その成果として，MMPI (Minnesota Multiphasic Personality Inventory)が誕生したのは1940年である(Hathaway & MacKinley, 1940 / VandenBos, 2007)。そこには「精神科医にとって（筆者注：診断的な）意義のある行動の標本」(Nichols, 2001)をまとめる意図があり，それ故に質問項目は抑うつ，不安などの心理的訴えと疼痛，疲労などの身体的訴えに加え，信念，態度，迷信，妄想，家族関係などの幅広い領域から集められた。

MMPIは，尺度構成の統計的基盤を重視した先駆的なテストのひとつであった。田中(2001)の解説を引用したい。

> それまでの人格目録の多くは，Woodworth Personal Data Sheetに代表されるように，項目文章から推測される人格特性を査定していることをテスト作成者がアプリオリに仮定するという主観的アプローチに頼っていたのである。これに対して，MMPIでは，ある項目を特定の尺度に含めるかどうかは項目の文章内容とは無関係に，基準群として選ばれた諸種の精神医学

的診断群とミネソタ正常群とをよく弁別し得るか否かによって決めるという客観的な経験的アプローチを採用している。

　例えば，項目「これといった痛みはない」(A46)には正常群262名の81%，心気症患者50名の34%が「あてはまる」と答え，残りの人が「あてはまらない」と答えていた。したがって，両群の回答率の差の臨界比Zは6.81という大きな値をとり，この差は統計的に十分有意(p <.001)であるから，この項目に「あてはまらない」と答えると心気症尺度(Hs)の得点になるのである。しかし，項目「いつも頭全体が痛い」(A11)に対して「あてはまる」と答えたのは正常群4%，心気症群10%であって，この差の限界比Zは−1.82となり有意水準には達しない。したがって，この項目はHS尺度に含まれない(田中，2001)。
(下線は筆者)

同じ質問紙法という形式を採用していても，その成り立ちには様々な違いがあることを押さえておかなければならない。解釈の根拠としてどれだけのエビデンスを持っているか，ということとも関係するであろう。

　残念ながら日本では未だ初版のMMPIを基にしたMMPI新日本版(1993)が使用されているが，アメリカではMMPI-2(1989)，そしてMMPI-2-RF(Restructured Form)(2008)へと改訂が加えられ，現在では「最も使用され，最も研究され，最も引用されているテスト」(Hogan, 2007)としての評価を固めている。特にMMPI-2-RFは，項目数がMMPI-2の567項目から338項目へと削減されており，所要時間とクライエントの負担が軽減されるという意味でも，日本語版の再標準化と出版が待望される。

またDSM診断の第II軸であるパーソナリティ障害分類に大きな影響を与えた，ミロン(Millon, T.)によるミロン臨床多軸尺度(MCMI; Millon Clinical Multiaxial Inventory)の初版が出版されたのは1977年で，その後MCMI-II(1987)，MCMI-III(1994)へと改訂が続けられた。MCMI-IIIもMMPIと同じく包括的なパーソナリティ検査の質問紙であるが，項目数は175とより少ない。

日本でも，その一部について妥当性と信頼性の検討が行われており，井沢ら(1995)は，MCMI-II境界性スケール短縮版を作成した。半構造化面接である国際パーソナリティ障害診断面接(IPDE; International Personality Disorder Examination)(Loranger et al., 1994)を外的基準とした妥当性の検証が行われており，弁別点(cut off point)を10点した場合の感受性と特殊性が共に1.00となることが報告されている。信頼性係数は $\alpha = 0.74$ である。

3-8
ロールシャッハ法小史

心理学の全領域にわたるアセスメントの中でも，最もよく知られた，かつ最も議論の余地があるものの一つでもあり，世間で"名の知れた"検査とみなされている(VandenBos, 2007)とされるロールシャッハ法(Rorschach Test)が出版されたのは1921年であった。作成したのはスイスの精神科医であるロールシャッハ(Rorscahch, H.)である。19世紀末，スイスの子ども達の間では「インクのしみ遊び(Klecksographie)」が流行していたという背景があり，1911年には友人で，その後教師となったゲーリング(Gehring, K.)と共同で，インクブロットを用いた空想力を調べる研究を行っている。

ロールシャッハがそれまでの研究者と異なり独創的だったのは，インクブロットが「何に見えるか(What)」という反応の内容のみならず，「どのように見えるか(How)」という反応の様式，つまりそこに伴われた体験に注目した点であった。そこで統合失調症の4A，① loss of association（連合弛緩），② affect disturbance（感情障害），③ ambivalence（両価性），④ autism（自閉）と呼ばれる基礎症状を明らかにしたブロイラー(Bleuler, E.)の励ましを受け，統合失調症患者の認知様式について1918年から研究（統制群を用いた比較デザイン）を行い，「精神診断学」(Rorschach, 1921)にまとめたのである。そこでは「ある知覚解釈的実験（無作為の形を解釈させること）の方法と結果」と副題にある通り，投映法としてよりもむしろ知覚実験としての側面が意図されていた。

　現在でも使用される10枚のインクブロットが作成された経緯について振り返ると，研究の初期には30から40枚のインクブロットが作成され，試行的に使われていた。その中からロールシャッハが好んだ15枚のセットを当初は世に出す予定であったが，「出版には妥協が必要であった。他の出版社と同様，印刷費のためにバーチャー社も15枚以上のインクブロットの複製に反対した。このため，ロールシャッハは最もよく用いた10枚のブロットだけの原稿に書き直すことを承知した」(Exner, 1986a)という事情により，結局10枚セットで刊行された。ちなみに当初予定されていた15枚は3つのグループに大別され，第一が現在のⅠ，Ⅳ，Ⅴカードのような形のまとまりがあるグループ，第二がⅡ，Ⅶカードのような形が分散したグループ，第三がⅢ，Ⅷ，Ⅹカードのようなより形がバラバラで色彩もあるグループで，刺激がより複雑になる順番で並べられていた。

3-8 ロールシャッハ法小史

　ロールシャッハ・インクブロットについて,「インクのしみ遊び」のように一枚の紙を折りたたむことにより生じる左右対称性ゆえに「偶然できたもの」と称されることもあるが,実際はそうではない。ロールシャッハにより筆が加えられており,またインクのにじみを丁寧に見ると,カードにより使用されている紙質が異なっているのもわかる。研究初期のインクブロットは形が大ざっぱで,多様な反応を引き出すためには不十分であった。結論としてインクブロットは,ロールシャッハ自身の画家としての資質が活かされ,かつ試行錯誤しながら作られたものである(Exner, 2005)。

　1922年,ロールシャッハは37歳で急逝した。ロールシャッハ法は出版当時こそあまり注目されず「ロールシャッハの研究に対する無関心さに,彼が落胆したのは疑う余地がない」(Exner, 1986a),「さんざんに酷評された。紹介されたとき,それはまだ荒削りで,確立されていなかった。理論的基礎づけは適切を欠き,得点化と解釈の手続きも未開発だった」(Popplestone & McPherson, 1999)と評される程であったが,精神分析理論にこの技法を適用しようという試み,そして重要だったのはフランク(Frank, L. K., 1939)により投映法(projective technique)の理論化とパーソナリティ研究を目的としたロールシャッハ法の適用が提案されたことで,ヨーロッパとアメリカでの関心を集めるようになる。

　1930年代よりベック(Beck, S. J.),クロッパー(Klopfer, B.),そしてヘルツ(Hertz, M.)が,40年代から50年代にかけてピオトロフスキー(Piotrowski, Z. A.),ラパポート(Rapaport, D.)らが精力的な研究を積み重ね,ロールシャッハ法の第一期黄金時代が到来した。次項で述べるモルガン(Morgan, C.)とマレイ(Murray, H. A.)によるTAT(The Thematic Apperception Test；絵画統覚検査,1935)と並行

し,次第に代表的な投映法として認知され,①精神医学,②知覚の心理,③児童の発達心理の分野と結びついて発展を続け,ついには文化人類学の分野に活用されるまでになる(河合,1969)。日本でも1925年に内田勇三郎がロ・テスト(筆者注:ロールシャッハ法)に注目し,1930年の「教育心理研究」誌上に,この検査の紹介がなされた(片口,1987)。

ところがその後,上述したロールシャッハ法の初期の研究者5人が精力的に研究をすすめるあまり,それぞれ独自のスコアリング体系が確立され,その結果,解釈においても多くの相違が生じるようになってしまった。表3・2は,彼らがどの大学で学位を受け,初期のキャリアを積み,そしてどのような貢献をもたらしたのかをまとめたものである。例えば,ベックの実証主義には新聞記者として事実を記事にする必要があったという背景が推察でき,またピオトロフスキーも同じく医科大学に職を得る中で実証的研究をすすめたが,一方クロッパーとラパポートは研究所を基盤とした精神分析,あるいは分析心理学による質的な接近を試みるなど,そもそものはじまりとして多様性を伴っていた。

したがって,教示,座り方,そして重要とされる変数まで「五つの体系は信じがたいほど異なり,スコアリングの多くの問題や解釈へのアプローチについて比較の余地がないほどであった」(Exner, 1969)という事態が生じてしまった。つまり,それらをひとまとめにロールシャッハ法と呼ぶことが困難になったのである。

1960年代後半から,ベトナム戦争後の戦争神経症,つまり現在の心的外傷後ストレス障害(PTSD; post traumatic stress disorder)へ対応するために,アメリカにおいて心理士の業務がアセスメントから心理療法へと拡大したという歴史的経緯や,より簡便で統計的頑強

表3・2 ロールシャッハ法における初期の研究者（5つの体系）

	学位	初期のキャリア	貢献
ベック (Beck, S.J.)	コロンビア大学 （アメリカ）	クリーブランドの新聞記者/ハーヴァード医科大学	実証的な研究に基づいた，ロールシャッハ法の実施法と解釈の体系化。スコアリング基準の明確化
クロッパー (Klopfer, B.)	ミュンヘン大学 （ドイツ）	ベルリン児童相談情報センター/ユングのチューリッヒ心理技法研究所	ロールシャッハ法の教師であり組織者。Journal of Personality Assessmentの前身であるRorschach Research Exchangeを1936年に発刊
ヘルツ (Hertz, M.)	ウエスタン・リザーブ大学 （アメリカ）	ウエスタン・リザーブ大学の教員	形態水準をスコアリングするための頻度表の作成など，ロールシャッハ法の信頼性と妥当性の向上
ピオトロフスキー (Piotrowski, Z. A.)	ポズナン大学 （ポーランド）	実験心理学/ジェファーソン医科大学	ロールシャッハ法への神経心理学的接近と知覚分析。脳器質疾患指標 (Organic Signs) (1937) の開発
ラパポート (Rapaport, D.)	王立ペトルス大学 （ハンガリー）	精神分析/メニンガー財団	ロールシャッハ法への自我心理学の導入。思考障害に関するカテゴリーの開発

さを備えたMMPIの発展，そしてこころの内界よりも観察可能な症状を重視する行動主義の台頭も関係しているが，次第にロールシャッハ法への関心は乏しくなっていった。五つの体系間で研究を比較することは困難で，そういった内輪もめを見た基礎心理学者からは，技法そのものの信頼性についても疑問をもたれるようになった。

こういった危機的背景を受けて1971年に登場したのがエクスナーの包括システム(comprehensive system)である。エクスナーが気に留めたのは，「五つの体系のうちで，最も実証的なのはどれか」と

「最も臨床に役立つものはどれか」という二つの問題(Exner, 1986a)であり，公平な観点から比較分析をすすめた。その結果，インクブロットを見てもらう時の教示「これは何に見えますか？」，実施法，スコアリングの基準，クラスター解釈と呼ばれる解釈手続きなどが定められ，1980年代から1990年代にかけて数多くの研究が積み重ねられた。「包括システムが従来の方法と最も異なるのは，その統計的に妥当性の高い解釈の実証性である。この成果は，包括システムが米国の司法鑑定で高い信頼を得ていることに始まり，今やほとんどの臨床系の大学では包括システムが教育されていることからも明らかである」と中村(1995)は述べている。

例えば「材質反応(T)は，親密さへの欲求や情緒的に親密な関係を受け入れたいという欲求と関係している」(Exner, 2000)反応で，愛着障害や対象喪失後の抑うつを理解するために重要な変数であるが，査定者が「なぜそういった解釈が可能なのか？」「エビデンスはあるのだろうか？」と疑問を抱いた際に，次頁のコラムのように参照できる仕組みがあることは臨床研究による裏付けとして大きく，クライエントと結果について話し合う際にも役に立つであろう。

同じくコラム内の研究(Exner & Bryant, 1974)において，1回目のテストと2回目のテストの比較，つまりテスト(Test)-再テスト(Re-Test)の研究デザインが組まれている点にも注意して欲しい。ロールシャッハ法が心理療法の効果測定，もしくは予測するためにも役立つ可能性を持っているとわかる。こういった研究のもとに，アセスメントと支援をつなぐという近年の潮流が生じてきたのである。

またアジアと南米を含めた国際研究(健常成人の標準化データのとりまとめ)により，異なった言語や文化的背景，歴史，宗教，社会

経済情勢にあっても，この施行法と反応のコードが現場のロールシャッハの専門家によってきちんと遵守されていると，その結果は国境を越えた人間の心理や病理や逸脱について共通理解のベースを提供できることがわかってきた(中村，2010)。これらを踏まえ，ロールシャッハ法の再生と表現することもできる。

21世紀に入ると，エクスナーが1997年に発足させたロールシャッハ研究協議会(RRC; Rorschach Research Council)を中心に，包括システムの更なる改訂を目指す方向が示された。しかしながらエクスナーが2006年に逝去し，その方向性を引き継ぐ形でR-PAS(Rorschach-Performance Assessment System)というさらに新しい体系が，エクスナーの共著者でもあったエルドバーク(Erdberg, P.)

包括システムの材質反応(T)に関するエビデンス

ExnerとLeura(1975)は，片親か両親を失って孤児院に初めて入所してから60日以内の，8歳から12歳の23人の児童の材質反応は，平均が2.87(SD = 1.12)であることを見い出した。Exner, Leventrosser, & Mason(1980)は，最低1個の材質反応を与えた50人中36人の初回入院のうつ病者が，ぬいぐるみのクマやお気に入りのタオルといった移行対象を幼少時に持っていたと報告している。逆に，Tを示さなかった50人の初回入院のうつ病者のうち，移行対象を持っていたのはわずか10人しかなかった(Exner, 1986b)。

ExnerとBryant(1974)は，30人の別居あるいは離婚したばかりの被検者にTのないプロトコルはみられず，その平均は3.57(SD = 1.21)であったが，人口統計的に一致させた統制群の平均は1.13(SD = 0.96)であることを見い出した。別居あるいは離婚した被検者30人のうちの21人に6ヵ月後再テストを行ったが，そのうち14人は再テスト時再婚あるいは復縁していた。21人の被検者は，1回目のテストでは平均3.49の材質反応であったが，2回目では2.64であった(Exner, 1986b)。

そしてメイヤー(Meyer, G. J.)を中心に開発されることになった。その特徴は，以下のようにまとめられている(Meyer et al., 2011)。

① 実証的で臨床的，かつ個人の過程と行動を表すことのできる強い裏付けが得られた変数への選択と集中を行った。十分な裏付けが得られなかった変数は除外した。

② ある査定者が実施したテストのスコアと国際研究から得られた多くのデータを比較できるようにした。パーセンタイル点や標準点などを視覚的に図示している。

③ 方法，記号化，スコアの算出，そしてデータの表示方法などについて，シンプルで一貫性のある論理的なシステムを提供している。冗長性を減らし，無駄のない形になるよう心がけた。

④ 各スコアの解釈は，実証性に基づいた心理学的に無理のない記述となっている。

⑤ 記録についての複雑さをわかりやすくするための統計的な手続きと，各変数に与える影響の強さをグラフ化する仕組みを提供している。

⑥ 解釈可能で意味のある記録とするために，反応数を最適化している。そのことにより，少なすぎる反応数のために生じる再試行の手間，そして多すぎる反応数のために生じる長大で過酷な試行の問題を軽減した。

⑦ 新しい指標と改良された複数の指標を含んでいる。現代の統計学，そしてコンピューターの活用の結果である。

⑧ 暗号化された安全なウェブ・プラットフォームにより，インターネット上のスコアリング・プログラムを利用できる。PC，ノートPC，スマートフォン，iPadなど，多くの端末から利用可能である。

近年ではロールシャッハ法を施行する際に，記録を紙に書くのではなく直接ノートPCに入力する査定者も見られるようになった。質的側面を重視し，アナログの傾向の強い投映法に関しても，少しずつIT技術の活用が進んでいる。

3-9 投映法の発展

先に述べたフランク(Frank, 1939)による投映法の概念化は，Popplestone & McPherson(1999)によると(筆者注：インクブロットのような)意味のない刺激に割り当てられた意味は何であれ，その人の内部に由来するという仮定に基づく手続きである。受検者が回答を形成するのであるから，彼や彼女の性格特徴がそれらには埋め込まれていると考え，その分析により彼らのパーソナリティを明らかにすることができるという理論的裏付けとなった。そして投映法の臨床実践に拍車をかけることとなった。主に二つのグループがアメリカでは中心となり，一つはハーヴァード大学のマレイ(Murray, H. A.)らのグループ，そしてもう一つはメニンガー財団/クリニックのラパポートらのグループであった。

マレイとその同僚達は，第二次世界大戦(1941-1945)の前後に戦略事務局(Office of Strategic Services)から依頼され，ある特定のアセスメント・プログラムを開発した。その目的は，敵地において多大なるストレスを被りながらも複雑な軍事情報を適切に扱えるような人物を選抜することにあったが，そのために単なる予行演習的テストを行うだけでなく，むしろその人物が，現実の義務を果たすう

えで重要だと思われるパーソナリティの強さをもっているかどうかを，予測することにあった点が新しかった(Korchin, 1976)。1章でも触れたが，ここに「個人の異常性や病理を確定するのではなく，リーダーシップや勇気などパーソナリティの積極的な価値を見出すことが目的となっていたので，あえて診断(diagnosis)という用語を用いなかった」(下山, 2009)という心理学における「アセスメント」用語の源流を見ることができる。用いられた方法は，面接，知能検査など標準化されたテスト，そして状況テスト(situation test)などであった。

前後してマレイは，ロールシャッハ法と比しても，重複的な表現ではあるがより精神分析の文脈における「投影」らしい投映法であるTATを「空想研究の一方法」(Morgan & Murray, 1935)として公表した。そして1943年には，現在も使用されているハーヴァード版が出版された。TATでは絵画の中の人物に様々な欲求が投影される。そしてその欲求を疎外している圧力，つまりTAT場面に描かれた環境と人物の相互作用を分析することによって，社会的態度や対処方法を理解しようと試みたのである。

一方，メニンガー財団/クリニックで精神分析的自我心理学を基盤としていたラパポートらは，様々な心理検査を組み合わせて実施する意義を強調した。いわゆるテスト・バッテリーである。コーチン(1976)によると，一般知能，概念的試行や連想を調べるテスト，それから重要な投影的なパーソナリティ・テスト，特にロールシャッハ法とTATが組み込まれていたとされる。前項でも触れたように彼自身がロールシャッハ法における思考障害のカテゴリーを開発したこともあり，(筆者注：認知や自我のプロセスの)病理的な歪みとか，これらのプロセスと動因のダイナミックスとの関係などを理解しよ

うというものであった(Korchin, 1976)。現在でも「構造化されたテスト(ウェクスラー式知能検査等)」と「構造化されていないテスト(ロールシャッハ法等)」の組み合わせが,特に境界性パーソナリティ障害の理解に有効とされるが,その雛形となった研究である。

マレイのグループとラパポートのグループによる研究に刺激され,多くの投映法がこの時代に誕生した。1939年のワルテッグ描画テスト(Wartegg Drawing Completion Test),1941年のバック(Buck, J.)によるHTP描画法(House-Tree-Person techniques),1945年のローゼンツヴァイク(Rosenzweig, S.)によるP-Fスタディ(Picture-Frustration Study),1949年のコッホ(Koch, K)によるバウム・テスト(Baum Test),1950年のロッター(Rotter, J. B.)によるロッター式文章完成法などである。またここに日本で誕生し,かつ海外でも認知されている数少ない技法である風景構成法(LMT; Landscape Montage Techniques)(中井,1970)を加えることもできる。

3-10
神経心理学的アセスメントの発展

近年急速に発展しつつある領域として,神経心理学的アセスメントが挙げられる。その背景には,医学におけるコンピューター断層撮影(CT; computed tomography)や磁気共鳴画像法(MRI; magnetic resonance imaging),さらにはリアルタイムで脳の活動を測定できる機能的磁気共鳴画像法(f-MRI; functional MRI)などの技術的進歩があるが,一方でそういった画像診断の知見と患者の行動を直接対応させるためには困難が伴うこともあり,そこで診断と理解のため

の神経心理学的アセスメントが必要とされる。ここでは，その歴史を振り返ってみたい。

表3・3は，ホーガン(2007)が臨床神経心理学の歴史の主要な出来事をまとめたものである。紀元前500年の昔より脳がこころの働きを司ると考えられていたこと，1798年のガルの骨相学により頭蓋骨の形態と知的機能や感情の関係に関心が向けられたこと，そして1861年のブローカによる言語の脳機能局在研究が，神経心理学的アセスメントの発展のきっかけであったことなどが簡潔に記載されている。表中のフィネアス・ゲイジ(Phineas Gage)とは，それまで大変勤勉だった鉄道作業員が，重篤な頭部外傷後に顕著なパーソナリティ変化を示した(粗暴で計画性が欠如した人物になってしまった)という有名な症例である。

神経心理学的アセスメントは，脳損傷後の高次脳機能障害などの疾病と障害ばかりでなく，発達と老化も対象とする。近年の研究として，**図3・2**は老年期における脳の形態的変化(天野，2010)を示し

表3・3　臨床神経心理学の歴史における主要な出来事

BC500年	クロトンに住むアルクメオンが，心の機能は脳が司ると主張。
紀元-180年	ガレンが，感覚・言語・思考は脳が司ると主張。
1798年	ガルが骨相学を発表。
1848年	フィネアス・ゲイジが事故に遭う。
1861年	ブローカが，言語的表出障害に関与する脳部位について発表。
1874年	ウェルニッケが，言語理解に関与する脳部位を発見。
1954年	ベントンが，臨床神経心理学に関する初の学位論文を指導。
1967年	国際神経心理学会が創設される。
1979年	臨床神経心理学が米国心理学会(APA)における第40部局として創設される。
1996年	臨床神経心理学が専門分野としてAPAから正式に認められる。

出典）ホーガン(2007)

心理アセスメントとケースカンファレンス

　コーチン(1976)によると，マレイはケースカンファレンスにおける集団過程を重視した一人である。多くの査定を行う人が，特定の領域もしくは特定の手続きに関するデータを集め分析し，そしてその結果をもち寄り，スタッフ会議あるいは「診断協議会」で個人の人物像が，合意に基づいて組み立てられた。心理アセスメントからの知見が，ケースカンファレンスに貢献し始めた時代であると言える。

　そこで現在のケースカンファレンスを振り返ってみると，この点には各領域そして施設によってばらつきがあるように思える。例えば児童相談所と少年鑑別所では，「判定会議」が正式に位置づけられており，アセスメント情報の集約と多職種による検討がなされているが，心理士が1名あるいは2名しか配置されていない医療機関だと各自が個人的にスーパーヴィジョンや研究会で訓練を受けている現状ではないだろうか。大学の心理臨床センター等であっても，実際はアセスメントを実施しているのにも関わらず，アセスメント結果の検討に多くの時間を費やせていないことがある。しかしこれは，もったいない。筆者は心理検査等によるフォーマルなアセスメントからの情報と，面接や日常行動の観察を通したインフォーマルなアセスメントからの情報を統合するために，集団討議をより活用すべきと考える。

　その例として，近年注目を集める治療的/協働的アセスメントにおける訓練のワークショップでは，ある事例の概要が紹介された後，小グループに分かれて特定の検査結果について検討する時間が持たれる。例えば第1グループはWAIS-Ⅲなど認知機能検査の分析，第2グループはMMPIとSTAIなど質問紙法の分析，第3グループはロールシャッハ法の数量的分析，第4グループはロールシャッハ法の質的分析(継起分析)，第5グループはTATとAAP(Adult Attachmernt Projective Picture System; George & West, 2012)など物語作成形式の投映法分析，といった具合である。そして小グループでの検討結果を持ち寄り，参加者全員を集めた場で報告し，クライエントに合わせたフィードバックの方法も含め，人物像や面接方針が描き出される。

　こういった方法を用いることも含め，テストに息を吹き込む(bringing life to tests)ようなケースカンファレンスを持てればと思う。

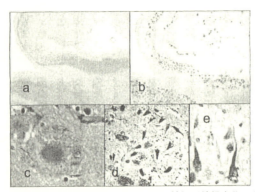

a：海馬，海馬傍回にみられるアルツハイマー神経原線維変化の出現状況
　　アルツハイマー病例（抗タウ染色）
b：海馬，海馬傍回にみられる老人斑の出現状況
　　アルツハイマー病例（抗βアミロイド蛋白染色）
c：ヘマトキシリン・エオジン染色
　　老人斑で中央にアミロイド蛋白の集塊と周囲の変性突起をみる
d：海馬にみられるアルツハイマー神経原線維変化（ボディアン染色）
e：海馬にみられるアルツハイマー神経原線維変化（抗タウ染色）

図3・2　加齢に伴って生じる脳の形態的変化
出典）　天野（2010）

たものである。「加齢に伴って生じる脳の形態的変化では，神経組織の耐候性変化から萎縮，欠陥障害として虚血性変化が代表的である。肉眼的に脳回の萎縮や脳室の拡大がみられ，組織学的には神経細胞数の減少，大脳皮質の第二層を中心とした海綿状変化，神経細胞内のリポフスチン沈着がみられ（中略），萎縮していくような退行性変化に加えて，老人斑のアミロイド蛋白やNFT（筆者注：アルツハイマー神経原繊維変化；Alzheimer's Neurofibrillary Tangle）のタウ蛋白のように，新たに異常蓄積する現象が老化である」（天野，2010）とされ，そういった脳の形態的ないし組織的変化を要因として，記憶，注意，言語そして遂行機能など，認知心理学（cognitive psychology）が対象

とする心的機能と行動の問題が生じてくる。

この関係について、人間のハードウェアである**脳**(brain)と、ソフトウェアである**こころ**(mind)のはたらきを結びつけようとしてきたのが神経心理学である。コンピューターの中央処理装置(CPU; central processing unit)とオペレーティング・システム(OS; operetaing system)の関係を思い浮かべると、理解しやすいかもしれない。その臨床的応用として、一人ひとりのクライエントの脳神経学的損傷やそれに伴う認知機能の障害を理解しようと試みてきたのが、神経心理学的アセスメントの歴史である。

ここからは、現在でも使用されている神経心理学的アセスメント技法がどのように発展してきたのか説明したい。

1938年、アメリカの精神科医ベンダー(Bender, L.)は9個の幾何学図形の模写という単純な課題を通して、そこに形態の歪みや逸脱が見られた場合、被検査者には何らかの脳損傷や精神疾患の可能性があると考えた。ベンダー・ゲシュタルト・テスト(BGT; Bender Gestalt Test)の誕生である。理論的にはヴェルトハイマー(Wertheimer, M.)に端を発するゲシュタルト心理学を基盤としており、バラバラの線分と点が一つのまとまり(ゲシュタルト)として見える視知覚機能、そして手先による運動との統合をみることができるとされた。

図3・3はベンダー自身による症例(1938)である。59歳の男性で、失語と大脳の動脈硬化症を基盤とする左側の片麻痺があった。5日後、7日後、そして14日後と図形の形態が適切になっている。並行して臨床症状も改善され、ベンダー・ゲシュタルト・テストが脳器質疾患とその回復に対して、敏感に反応することがわかる。

ベンダー・ゲシュタルト・テストと同様の、幾何学図形を使った

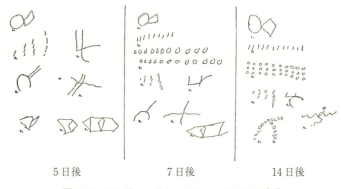

図3·3 ベンダー・ゲシュタルト・テストの変化
出典) Bender(1938)

神経心理学的検査は他にも開発された。1945年にベントン(Benton, A .L.)により公刊された，ベントン視覚記銘検査(Benton Visual Retention Test)もその一つである。名前の通り視覚的記銘力の検査であり，施行法Aでは10秒間の提示時間中にある幾何学図形を見て覚えた後，記憶を頼りに描写する。即時再生の課題である。また施行法Dでは10秒間の提示時間の後，15秒間の待機時間を持ってから描写するよう求められる。

近年，主に児童を対象に日本でも使用されるようになってきた(久保田・窪島, 2007)，Rey-Osterrieth複雑図形(ROCF; Rey-Osterrieth Complex Figure)が，スイスの心理学者であるレイ(Rey, A.)により発表されたのは1941年である。彼は，レイ聴覚言語学習検査(RAVLT; Rey Auditory Verbal Learning Test)の開発者でもある。またベンダー・ゲシュタルト・テスト自体も2003年，ブラニガン(Brannigan, G. G.)によりベンダー・ゲシュタルト・テストII(Bender-Gestalt II)に改訂され，大規模な再標準化研究が行われている。

3-10 神経心理学的アセスメントの発展

　神経心理学的アセスメントにおいて,「もの忘れ」はクライエントからの訴えとして最も頻繁なものの一つである。記憶に関する包括的検査であるウェクスラー記憶検査(WMS; Wechsler Memory Scale)の初版が発刊されたのは1945年であった。その後アメリカでは1987年の改訂版(WMS-R), 1997年の第3版(WMS-III), そして2009年の第4版(WMS-IV)と改訂を続けている。日本で現在使用されているのは, 2001年に標準化され出版となったWMS-Rであり,「一般的記憶(言語性記憶/視覚性記憶)」「注意/集中力」「遅延再生」などの指標を求めることができる。

　記憶を含んだより簡便な認知機能検査であり, 実質的には認知症のスクリーニングに使用される長谷川式簡易知能評価スケール(HDS)の初版が作成されたのは1974年, その改訂がなされたのは1991年であった。「短時間で試行できるため被検者に与える負担が少ない」「設問の少ない検査であるにもかかわらず鑑別力が高く, 測度としての精度も高い」「教育歴の影響も受けにくい検査」(加藤, 1996)という特長があり, 心理士のみならず医師, 保健師, 作業療法士など多職種が実施する検査となっている。特に問題7の, 遅延再生課題の初期認知症に対する鋭敏さは, 筆者も実感するところである。

　長谷川式簡易知能評価スケールと比較されることの多いMMSE(Mini-Mental State Examination)は, 1975年にフォルスタイン(Folstein, M. F.)らによって作成された。複数の動作性課題を含んでいる点が長谷川式とは異なっている。

　ものごとの段取り, 注意とルールの転換, そして遂行機能など, 脳の前頭葉と対応したより高次の脳機能を対象としたウィスコンシン・カード分類検査(WCST; Wisconsin Card Sorting Test)がバーグ

(Berg, E. A.)により発表されたのは1948年である。このように,脳の局在と対応したこころの働きについて,様々なアセスメント技法が開発され,今後もますます発展するものと思われる。

◖ま と め◗

❏ 今日の心理アセスメントにつながる個人差研究は,19世紀後半のゴールトンに端を発した。1896年には世界で始めての心理クリニックがウィットマーにより開設され,学習障害・精神発達遅滞の臨床的アセスメントと支援が行われた。

❏ 1905年にビネー・シモン式知能検査が誕生した背景には,義務教育の制度化に伴う精神発達遅滞児への教育的配慮と,その診断における客観性の担保の問題があった。

❏ ビネー式知能検査が教育領域で「知能の水準」を把握するために発展したのに対し,1939年のウェクスラー・ベルビュー尺度そして1955年のWAISは医療領域で「知能の構造」とその臨床症状の関連を把握するために開発された。

❏ パーソナリティの個人差研究は1920年代のシュテルンによる「個性の研究」が始まりであり,オルポートの人格心理学にも影響を与えた。またウッドワース人事テスト(1919),バーンリューター人格検査(1931),MMPI(1940)など質問紙法の発展にも貢献した。

❏ 1921年のロールシャッハ法は,統合失調症の認知・思考障害を捉えるために開発された。その後,投映法の理論化(Frank, 1939)を契機に,パーソナリティ研究に用いられるようになった。その歴史には紆余曲折があったが,近年でも包括システム(Exner)さらには2006年以降のR-PAS(Meyer 他)という形で,より実証性を強調する方向へと発展している。

❏ 検査法としての神経心理学的アセスメントが誕生したのは1930年代以降で,ベンダー・ゲシュタルト検査(Bender, 1938),Rey-Osterrieth複雑図形(Rey, 1941)などが現在でもその簡便さと鋭敏さ故に使用されている。人間のハードウェアである脳(brain)とソフトウェアである(mind)の関連を見ており,前頭葉の遂行機能検査であ

るウィスコンシン・カード分類検査(1948)，そして記憶の包括的検査であるウェクスラー記憶検査(1945／アメリカの第4版は2009)などが開発された。

◀より進んだ学習のための読書案内▶

Hogan, T. P.（2007）. *Psychological Testing: A practical Introduction*. New Jersey: John Wiley & Sons, Inc.(繁桝算男・椎名久美子・石垣琢麿（共訳）（2010）. 『心理テスト—理論と実践の架け橋』培風館)

 ☞ 歴史を踏まえた各テストの成り立ち，依拠する理論，さらには臨床的活用について網羅されている。心理テストを通して，心理学を学ぶことができる一冊である。

Popplestone, J. A. & McPherson, M. W.（1999）. *An Illustrated history of American psychology*. Akron, Ohio: The university of Akron Press. (大山　正（監訳）（2001）. 『写真で読むアメリカ心理学のあゆみ』新曜社)

 ☞ オハイオ州のアクロン大学心理学史資料館に所蔵された写真等の一次資料を中心に，アメリカ心理学のあゆみを学ぶことができる。心理学史のテキストとしても活用できる。

梅本堯夫・大山正編著(1994). 『心理学史への招待—現代心理学の背景』サイエンス社

 ☞ 個人差研究と個人心理学について，ゴールトンを中心にわかりやすく解説されている。エビングハウス(Ebbinghaus, H.)の記憶研究など，臨床心理学の母体となった初期の心理学研究に触れることができる。

4章

アセスメント実践における諸概念

実践の裏付けとなる知識

◀キーワード▶

テスト・バッテリー,投映法,心理検査と診療報酬,生物-心理-社会モデル,ICFモデル,ケース・フォーミュレーション,身体因→内因→心因,臨床的問題の原因地図,診療報酬,DSM-5,WHODAS2.0,パーソナリティ障害,初心の査定者,行動観察

　本章では,心理アセスメントの実践で考慮すべき有用な諸概念を取り上げる。各節はほぼ独立しているので,例えばMMPIとロールシャッハ法を実施した後,クライエントへのフィードバック面接を準備する際に4-2節を参照するといった形で読んでいただければと思う。

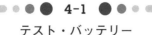

4-1 テスト・バッテリー

　テスト・バッテリー(test battery)は,別々に実施されたテストの

得点や記録を，組み合わせて総合的に調べること(VandenBos, 2007)，心理検査を行うに際して，人間の総合的理解のために，いくつかの検査をいっしょに施行すること，またその組み合わせのこと(阪口, 1992)と定義される。3章で触れたように，1940年代のマレイ，そしてラパポートに端を発しており，当初はパーソナリティのアセスメントを中心に，そして近年では知能検査や神経心理学的検査を含んだ場合にも使われる用語である。

図4・1は自殺研究でも著名なシュナイドマン(Shneidman, E. S.)による人格検査の特性と意識水準の関係である。目録法(質問紙法)を航空機，対人関係に関する図版を含むTATが船舶，そしてインクブロットというより曖昧な知覚を用いるロールシャッハ法が潜水艦としてその多層性がわかりやすく図示されており，古典として覚えておくとよい。それぞれ明らかにする意識の水準と内容が異なり，「単一のテストでは，系統的で多面的な情報を得ることは困難で，限られた能力や特性しか判定できない」(杉若・依田, 2001)という

図4・1　人格検査の特性と意識水準の関係
出典) Shneidman(1953)

表 4·1 質問紙法と投映法の長所と短所

	長　　所	短　　所
質問紙法	実施が簡単,採点も容易で,客観的な結果が得られる	意識的に回答を操作できる
投 映 法	意識的操作が困難で,知らず知らずに性格を投映する	解釈に熟練を要し,検査者の主観的解釈に陥りやすい

出典）　小笠原(2003)

限界に対処する意義を持っている。表 4·1 に,質問紙法と投映法の長所と短所がまとめられている。得られる情報の質も異なるので,それぞれ補い合えるような組み合わせを考慮するのが重要である。

　テスト・バッテリーの組み方は,① 検査目的,② 検査対象,③ 検査者の習熟度,④ 時間や料金などの現実的条件等によって決まってくる(池田, 1995)。特に重要なのは「検査目的」で,実際には以下列挙する事柄の複数に該当することが多い。a. 精神医学的診断に役立つ情報を収集する必要があるのか, b. 自閉症スペクトラム障害など発達障害の見立てなのか, c. 虐待など家族の問題が生じた場合に,親が子どもを適切に理解するためのアセスメントが必要とされているのか, d. クライエントが自分自身について理解を深めるために実施するのか, e. 心理療法の方針を策定するために行われるのか, f. 同じく心理療法や医学的支援,さらには治療教育の効果を判定するための検査なのか,などその目的を個別的かつ明確にする。

　例えば上述の a. 精神医学的診断に関して,精神科病院とクリニックでは一般的な検査依頼である統合失調症の鑑別が求められた場合,どの心理検査をテスト・バッテリーに含めばよいだろうか。一例ではあるが, ① 精神疾患による全般的な機能低下を把握するための WAIS-III, ② 思考障害・認知障害に敏感な検査であるロールシャッハ法, ③ 本人の病識や病感を知るための MMPI など質問紙法, と

いった候補が考えられる。その上で被検査者の状態が安定せず，検査による負担が大きくなると予想される場合は，WAIS-III をより簡便な認知機能検査である MMSE-J に置き換えるなどの調整を考えると良い。

　表 4·2 は，菊池 (2000) が作成したテスト選択のための参考条件で，ウェクスラー式知能検査など再標準化がなされたものについては，検査名，適用年齢等を筆者が最新版に改めたものである。「テスト施行所要時間」「分析・解釈の難易度」そして「把握可能な特性」

表 4·2　テスト選択のための参考条件

テストの分類	テスト名	図版・器具の使用有	適用年令	テスト施行所要時間 #	整理解釈のための所要時間	分析・解釈の技術要	分析・解釈の難易度	実施中の疲労度（被検査者）	実施中の疲労度（検査者）	テスト拒否の可能性	結果からの情報量	把握可能な特性 知的側面 表層	把握可能な特性 知的側面 深層	人格水準	病態水準	自己像	社会適応力	家族関係
知能	WAIS-Ⅲ	○	16:00〜89:12歳	↑	*	↑ *	○	↑ *	↑	↑	→ *	↑					↑	
	脳研式知能検査		成人	↓		↓		↓	↓	→	→	限					→	
	田中ビネー知能検査V	○	2:0〜成人	→	*	↓		→	→	→	→	限					→	
作業	内田クレペリン検査		幼児〜成人	→		→		→	→	→	→ *						↓	
	ベンダー・ゲシュタルト	○	5:0〜成人	→	*	↓		→	→	→	→	↑					→	
質問紙法	Y-G 法		小学生〜成人	↓	*	↓		↓	↓	→	→			↑		↑	↑	↓
	MMPI		成人	↑	*	↑		↓	↓	→	→ *			↑	↑	↑	↑	
	MPI		16:0〜成人	↓	*	↓		↓	↓	→	→		限	↑		→	→	
	CMI		高校生〜成人	↓	*	↓		↓	↓	→	→		限	→	↑	→	→	
投映法	ロールシャッハ法	○	幼児〜成人	↑ *	*	⇑	↑ *	↑	↑	↑ *	⇑		⇑	⇑	⇑	⇑	⇑	↓
	TAT	○	小学4〜成人	↑ *	*	⇑	↑ *	→	→	↑ *	↑		↑	↑	↑	↑	↑	→
	SCT		小学生〜成人	↑	*	↑		↑ *	→	→ *	↑		↑	↑	↑	↑	↑	↑
	P-F スタディ		児童〜成人	→	*	→		↑ *	→	→	→	限	↓	↓		→	↑	→
	描画法	○	幼児〜成人	→	* *	⇑		↑ *	→	→	↑		↑	↑	↑	↑	↑	↓

出典）　菊池 (2000) を基に改変
（注）　⇑；非常に大，↑；大，→；中程度，↓；小，限：限定的
　　　＊クライエントや検査者，検査状況によって変わる度合いが大きい。
　　　#テスト別の施行所要時間（↑：約90分，→：約60分，↓：約20〜30分）
　　　なお公称の数字はあるが，あえて大まかに算定した。

投映法の質的データと数量的データ

　投映法は，刺激の曖昧さと反応の多様性という特徴を持っている。クライエントから得られる反応は，例えばロールシャッハ法であればインクブロットが「何に見えるか」であり，文章完成法であれば刺激文から「連想された文章」といった質的データである。質的データは多くの意味を含んでおり，反応を読むこと自体にクライエントの体験を追体験するという貴重な意味があるが，一方で解釈が主観的になりやすいという限界も指摘される。そこでその限界を補うために，投映法の質的データを数量的データに変換し，検査としての信頼性と妥当性を担保する手続きが採用されている。

　表に両者の特徴をまとめた。例えばロールシャッハ法の「黒いコウモリが飛んでいます」という反応は，包括システムでは「Wo FMa.FC'o A P 1.0」というコード(Code：記号)に変換される。それだけでは単なる置き換えであるが，被検査者の反応を一つ一つ積み重ねていくことで，FM あるいは P といったコードの出現数を数え，さらにはそれぞれの比率を算出することで，いわゆる心理統計に耐える変数として使えるようになる。その結果，薬物選択のためにも臨床的鑑別が必要な単極性うつ群と双極性うつ群を比較し，後者では「WSum6, DR2 ＞ 0, (CF ＋ C) ＞ FC ＋ 2, PureC ＞ 1, P ＞ 7」の5変数で有意な所見が認められる(Kimura et al., 2013)といった貴重な研究が可能となるわけである。

　P-F スタディはコード化の基準と具体例がわかりやすく明示されており，かつコード数もそれほど多くないため，投映法の質的データを数量的データに変換する基本的な手続きを，効率よく学べる検査の一つである。ここで学んだ枠組みを，さらにコード化が複雑な検査であるロールシャッハ法や TAT に発展させるとよい。

	質的データ	数量的データ
データの性質	言語的反応，文章，描画等	(左記の) コード
ロールシャッハ法	「黒いコウモリが飛んでいます」	Wo FMa. FC'o AP 1.0
P-F スタディ	「雨だから仕方ないです。でも次はスピードを落として運転してください」	M/e, GCR $\frac{1}{2}$
バウムテスト	一本の木の描画	幹と樹幹の長さの比率など
統計(平均/標準偏差等)	使いにくい	容易
群間の比較	困難	容易
解釈のアプローチ	主観的	客観的
意味の多義性	豊富	少ない

等について一覧できる表となっている。「テスト拒否の可能性」にも言及されており，クライエントや検査者，検査状況によって変わる度合いが大きいとされているが，高い順に「ロールシャッハ法」そして同順で「WAIS-III」「内田クレペリン検査」「MMPI」「SCT」となっているのは興味深い。曖昧な状況へ置かれることや，知能や精神病理を測定されることへの不安があると考えられるため，これらの検査を実施する際には特に丁寧な，場合によってはクライエントの誤解を解くような説明と同意が必要となるであろう。

「結果からの情報量」について「限定的」とされている CMI (Cornell Medical Index-Health Questionnair) や P-F スタディに関しては，検査として限界があると捉えるだけではなく，例えば前者であれば神経症判別図による精神症状と身体症状の相関，後者であれば対人関係における攻撃性とフラストレーションなど，把握可能な特性が明確で，その領域については鋭敏に捉えることができると理解しておくとよい。

最後に査定者のこころ構えとしては，ある程度自分が習熟したテスト・バッテリーを持っておいてもよいがそれを固定的なものとしないこと，そして闇雲にテストを実施するのではなく，どのような情報が求められているのかという目的に従い選択すること，などがあげられる。例えば片口（1969）は，通常，投映法であるロールシャッハ法のほかに，被検査者についてのより具体的な情報を与えてくれ，さらに父親と母親を含んだ対人関係と個人的な価値観についての項目を含むSCT，そしてY-G性格検査，MMPI，MAS顕在性不安尺度の中から一つを選んでテスト・バッテリーを構成することが多い。

4-2
治療的アセスメントにおけるMMPIと
ロールシャッハ法の組み合わせ

ここからは近年の潮流でもある，クライエントへのフィードバックを想定したテスト・バッテリーの一例を説明したい。図4・2は，治療的アセスメントにおけるMMPI-2とロールシャッハ結果の組み合わせ(Finn, 1996a, 2007)に，概略を把握しやすいよう筆者が要約を追記したものである。このモデルを用いる際には，6-3節でも触れる，心理検査から得られた情報のレベル1，レベル2，レベル3という枠組みを理解しておくとよい。

未だMMPI-2の日本語版が出版されていないため，新しく妥当性尺度に含まれることになったVRIN(Variable Respose Inconsistency)やTRIN(True Response Inconsistency)といった反応の一貫性に関する指標を用いることはできないが，この分類はあくまでも質問紙法と投映法の組み合わせについてのモデルであるため，後述の説明を現在日本で公刊されているMMPI新日本版(三京房)に適用しても問題がないことを申し添えたい。

縦軸のロールシャッハ法が「悪い/良い」，横軸のMMPI-2が「悪い/良い」というのは，それぞれの結果における障害の程度である。例えばMMPI-2であれば，臨床尺度のT ≧ 65以上(全般的に低いプロフィールであればT ≧ 60以上)という基準が目安となる。ロールシャッハ法についてはそこまで明確でないが，例えば包括システムにおける自殺指標(S-constellation)が陽性で，抑うつ指標(DEPI; Depression Index)が6となると，抑うつの影響により自らの否定的な部分へばかりとらわれてしまい，生きる意味を失っている。ある

	MMPI-2：悪い	MMPI-2：良い
ロールシャッハ：悪い	**セルA**： Cl は問題に気付いており，助けを求めている。入院患者に多いパターンである。FB (Feedback；以下同様) には驚かない。危機状態にある。	**セルB**： 適応の問題を抱えた，外来の Cl に典型的なパターンである。構造化されていない状況で混乱しやすく，隠された問題を示唆する。FB で Cl が圧倒されやすいので，配慮が必要である。覆いを無理にとろうとしないことが肝要。
ロールシャッハ：良い	**セルC**： **C-1**：R が平均以上で L < 1.0 の場合，症状の誇張，"Cry for help"，あるいは詐病の可能性がある。そのため FB で Cl は不安になりやすい。 **C-2**：R が平均以下で L ≧ 1.0 の場合，Cl はロールシャッハ刺激に圧倒され，感情を回避している。脆弱さがある。	**セルD**： よく機能しているパターン。臨床領域でと言うよりもむしろ，産業領域でのアセスメントや研究でよく見られる。

図 4・2 MMPI-2 とロールシャッハの結果の組み合わせ
出典） Finn (2007) をもとに作成

注：MMPI-2 では，一貫性（例えば VRIN, TRIN が平均の範囲にあること），妥当性，そして防衛的すぎない（例えば L, K, Fp, S に顕著な上昇が認められない）かどうかといった点が考慮される。ロールシャッハ法では，セル A，セル B，セル D，そしてセル C-1 ではクライエントの十分な関わり（例えば R が平均または平均以上で，ラムダが < 1.0）が，セル C-2 ではプロトコルの萎縮（R が少なく，ラムダが 1.0 以上）が認められる。

セル A：構造化された場面と構造化されていない場面の両方で，クライエントが混乱に陥っていることを示す。結果は一致しており，生活上の困難さがそのまま現れているという意味で，潜在的な問題はない。自分の問題に気付いており，自発的に助けを求めている。入院患者に多く認められるパターンで，危機状態にある。長年の間クライエントが自覚してきた苦悩でもあるので，アセスメント結果が悪かったことを伝えても驚かず，むしろ査定者によって理解されたと感じる。

セル B：MMPI とロールシャッハ法の結果の不一致として，最もよく見られるパターン。適応の問題を抱えて来談した，外来のクライエントに典型的である。対人関係やコミュニケーションの曖昧さ故に感情が喚起

される場面で混乱しやすく、何らかの潜在的な問題が示唆される。一方、知的な防衛を用いて不安に対処できる場面(例えば MMPI-2 の施行場面)では、うまく機能できる。フィードバック面接で査定者が潜在的問題や精神病理に触れようとすると、クライエントは身構えることが多く、そのためフィードバックの過程は複雑になりがちである。この種の問題をすべて話題にすると、圧倒され、混乱し、そして防衛的になる可能性があるので配慮が必要となる。ロールシャッハ法の結果には、これまでクライエントが「覆い」を使って見ないようにしてきたレベル 3 の情報も含まれるので、査定者はそのことに触れたくなるかもしれないが、同時に、クライエントが努力して作ってきた「覆い」を無理にとろうとしない慎み深さとバランス感覚も必要である。

セル C-1：クライエントは MMPI-2 とロールシャッハ法に対して十分な関わりを示し、結果の妥当性は十分であるが、両者の結果には不一致が見られる。MMPI-2 での自己呈示が精神病理を強調する方向に誇張され、有名な「Cry for help(助けを求めて叫んでいる)」(MMPI-2 の妥当性尺度で L と K に比べ F が突出して高く、狭角の逆 V 字型になる)プロフィールとなることも多い。福祉制度の申請に伴う精神障害の判定や裁判における責任能力の鑑別では、詐病も考慮されなければならない。このような誇張が査定者に露呈することを恐れるため、フィードバック面接でのクライエントはしばしば不安そうな表情を見せる。

セル C-2：セル C-1 と同様、MMPI-2 に比べロールシャッハ法は一見、普通に見えるが、R(反応数)が平均以下で L(Lambda)≧1.0 の場合、クライエントはロールシャッハ法の施行と図版に対して、防衛的であると考えられる。精神病理を装うパターンとは異なる。このようなクライエントは、構造化され、査定者-被検査者という対人関係の要因があまり影響しない MMPI-2 において、より素直に症状と問題を呈する。ロールシャッハ法の施行では、情緒的・対人関係的に混乱しやすいため固まってしまったのである。査定者が MMPI-2 の結果を、症状の誇張であると間違えて仮定した場合、クライエントにとってフィードバック面接は悲惨な体験となり得る。

セル D：構造化された場面と構造化されていない場面の両方で、クライエントがうまく機能していることを示す。臨床の場というよりもむしろ、雇用時のスクリーニングや様々な標準化研究の対象者によく見られるパターン。

いは自分を傷つけたい衝動が高まっている危険性を示し,縦軸は「悪い」結果としてよい。MMPI-2 とロールシャッハ法における障害の程度が一致している場合はセル A とセル D,両者に不一致が見られる場合はセル C-1,C-2,そしてセル B に分類される。

ここでは,フィン(1996a, 2007)による図 4・2 の各セルの記述を要約しながら説明したい。また MMPI の各臨床尺度の高低に合わせたフィードバックについては,Finn(1996b)が参考になる。

フィンは講演等でこのモデルを説明する際に,「結婚を決める前には必ず二人で,二人ともが行ったことのない国へ旅行した方が良い。なぜなら母国というのは構造化された状況なので,いつも通りのやり方でスマートに対処している相手の姿が目に映り,あなたもずっと一緒に居たい気持ちになる。しかし初めての国ではそうはいかない。婚約者は言葉が通じず,タクシーの乗り方さえわからず,あたふたとしてそれまでとは違った一面を見せるかもしれない。不安になって大げんかをして,相手を嫌いになるかもしれない。構造化されていない状況というのはそういうものではないですか？結婚後の生活も,二人で苦難を乗り越える**旅**(voyage)という意味では同じです」と冗談を交えながら語ることがある。

井手(2014)がロールシャッハ法との違いについて,MMPI は社会文化的な言語への反応で,ある程度の距離をとった結果であると指摘している点は興味深い。「距離をとる」とは防衛を機能させるということであり,またクライエントは構造化された状況として対応するということでもあろう。言語を用いた質問紙法という技法は,本質的にそのような性質を伴うとも考えられる。

この両者によるテスト・バッテリーの汎用性は高いが,特に対人関係上の問題を主訴とするクライエントやカップルの心理療法に有

効であると筆者は考える。各セルの分類に基づいたフィードバックの方略は，査定者による適切な理解と配慮として機能し，クライエントにとっても協働作業の始まりとして体験されるのではないだろうか。

4-3 生物-心理-社会モデルとICFモデル

　精神疾患と障害に関する包括的なモデルを二つ紹介したい。両者とも，アセスメントの技術論というよりもむしろ人間理解のための理論的枠組みである。これらの視点を習得しておくことは，狭義のアセスメントから得られた情報をより幅広い視点から見直すことにもつながると思われる。

　図4·3の生物-心理-社会モデル(Bio-Psycho-Socio Model)(Engel, 1977)は，現在では多くの専門職，例えば精神科医，臨床心理士，精神保健福祉士，そして看護師などの間で共有すべき概念となっている。その背景には，生活習慣病や痛みに対するケア，ストレス関連疾患など医学が対象とする問題が多様化し，ウイルスやバクテリアといった生物学的な観点からの疾患原因の除去という考え方だけでは対応しきれなくなった(下山，2009)という経緯があり，精神疾患を単一の要因・病因から説明するのではなく，様々な要因が組み合わさって生じるとする折衷仮説に基づいている。加えて各要因に基づく治療を展開する際の，またチーム医療と連携を実践する際の，根拠となる基盤を提供した意義は大きい。

　生物学的要因(Bio)とは，脳神経，脳機能，遺伝子，ホルモン，細菌やウイルスなど，医学的知見により明らかになる要因を示す。心

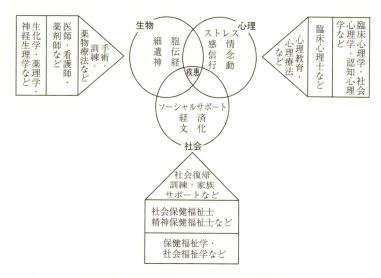

図 4・3　生物-心理-社会モデルとその構成要素
出典）Engel(1977)をもとに小堀(2009)作成

理学的要因(Psycho)とは，感情，認知，思考，ストレス耐性，対処行動，自己イメージなど，こころの働きに関する要因を示す。社会的要因(Socio)とは，家族や地域の人々によるソーシャルサポート，生活環境，経済状況などの要因である。

心的外傷後ストレス障害(PTSD; Post Traumatic Stress Disorder)を例に説明したい。地震，台風，津波などの自然災害では，その地域に暮らす人々が同じように甚大なストレスを受ける。しかしながら，ある人は急性ストレス障害(ASD; Acute Stress Disorder)や心的外傷後ストレス障害に類する症状を示すが，またある人は心に痛みを抱えながらも症状を呈するまでは至らない。このような場合，社会的なストレスは等しくとも，それを柔軟に処理するための心理的

4-3 生物-心理-社会モデルとICFモデル

精神科診断における検索順位の黄金律：
身体因→内因→心因

　それでは「生物-心理-社会」の各要因に対して，心理士はどのような順序でアセスメントを進めればよいのだろうか？「並行して」「同時に」と答えたくなるところであるが，おそらく間違いである。少なくとも「生物」学的要因が1番目で，2番目は「心理」，そして最後に「社会」であると筆者は考えている。

　この点に関連して内海(2012)は「精神科の診断には重要な原則がある。それは＜身体因→内因→心因＞という優先順位である。これは黄金律と読んでも過言ではない」と述べている。成田(2000)も「精神科医は診断するに当たって，身体因，内因，心因の順に考えます。決してこの逆ではありません。身体因を見落としていては，場合によっては患者の生命の危険を招くかもしれません。また身体因であることがはっきりすれば，有効な治療法のあることも多いのです」と同様の指摘を行っている。

　筆者には，内因性（機能性）精神疾患の代表である統合失調症を見落としてしまった苦い経験がある。詳細は改変するが不登校の相談であり，本人は「人に嫌われているのではないか」という恐れを持っていた。父親に連れられ来談したのであるが，初回面接では「話しても意味がない」と言うばかりで，2回目以降の面接につなげることができなかった。父親自身の問題もあり親面接は継続したが，一年ほどして「本人が近頃奇妙な絵を描いている」と持参し，そこには精神医学の教科書にいわゆる「自他境界の失われた身体像」として掲載されるような自己像が描かれていた。本人も苦しかったのだろう，筆者が信頼する精神科医への紹介状を父親に言付けると「病院なら行く」と素直に従い，診断は「統合失調症の初期」で薬物療法と心理教育が開始され，その後は良好な経過を示し，復学に至った。

　筆者の後悔は，初回面接時に丁寧な内因の検索を怠ったこと，つまり「人に嫌われているのではないか」という訴えの背後にある微妙な病感を見過ごした点にある。内因性の症状，例えば幻聴や意欲の減退を想定して＜何か嫌なことを言われているように感じる？＞＜もしかしたら悪口が聞こえたりしない？＞＜自分でもここ数カ月，違和感というかちょっと調子がおかしいと思わなかった？＞と尋ねることができていたとし

> たら，もう少し早く本人の苦痛を軽減できていただろう。優しい読者は
> 「その一年間に症状が進行し明確になった可能性もある」と慰めてくれ
> るかもしれないが，それでもなお医療機関との連携はアセスメントの要
> 点でもあるだけに，悔いが残る。
> 上述の内海(2012)は「DSM は病因というものをあえて問わないシステ
> ムである。PTSD を例外とすれば，診断基準に病因は含まれていない。
> それゆえ身体因を見逃すという狭義の誤診が起きやすくなっている」と
> 指摘している。心理士に医学的知識が必要とされるのも，この部分であ
> ろう。DSM を参照することが増え，目に見える行動上の問題とチェック
> リストに頼りがちな近年の心理士にとっても警鐘とすべきである。

な資質であるレジリエンス(resilience；復元力，精神的回復力)の個人差が PTSD 症状に関与していると考えられる。さらにレジリエンスの個人差には，刺激への感受性といった生まれ持った生物学的な要因も関係しているのかもしれない…といった PTSD 仮説を，生物-心理-社会モデルに準拠して立てていくわけである。

図 4・3 の三つの円が重なる領域について，例えば「心理」と「社会」が重なる領域では，ソーシャルサポートや家族関係など社会的要因を把握するために開発されたアセスメントの方法を適用することができる。この点について田嶌(2003)は，従来の「個人アセスメント(個人の心理・病理のアセスメント)」に加え，「ネットワーク・アセスメント(いかなるネットワークの中で生活しているか)」「関係アセスメント(本人と援助者との関係のアセスメント)」が重要であると述べている。スクールカウンセリングで「学校のアセスメントが必要である」とされるのも，同じ文脈であろう。また「心理」と「生物」が重なる領域では，近年パーソナリティの生物学的・遺伝学的要因について研究が進んでいる。Big Five 理論に基づいた質問紙を使った双生児研究や，反社会性パーソナリティ障害の衝動性

4-3 生物−心理−社会モデルと ICF モデル

研究などがその例である。

近年ではここに第 4 の要因として倫理(ethical), 発達(developmental), 文化(cultural)等を新たに含めることも提案されている。こういった多要因モデルは, 疾病が必ずしも個人の弱さや心構えに帰属されるものではないことを明示したとして, クライエントには好意的に受け取られているように感じられる。

一方, 生物−心理−社会モデルを「疾病と医療」のリファランスとするならば, ICF(International Classification of Functioning, Disability and Health；国際生活機能分類, 2001)モデルは「障害と福祉」のリファランスと位置づけることができる。

WHO(World Health Organization；世界保健機関)は「全ての人々が可能な最高の健康水準に到達すること」を目的とする国連の組織で, スイスのジュネーブに本部が設置されている。中心分類として国際疾病分類(ICD; International Statistical Classification of Diseases and Related Health Problems), 国際生活機能分類(ICF)そして 2014 年現在作成中の医療行為の分類(ICHI; International Classification of Health Interventions)があり, 例えばそこから DSM と同じく心理士にも馴染みのある診断体系「ICD-10 精神および行動の障害に関する分類」が派生するというまとまりになっている。

図 4・4 の ICF モデルはその名の通り, 対象者の生活機能と QOL (Quolity of Life：生活の質)に焦点を当てている。特徴は① 人と環境との相互作用モデルとなっていること, ②(筆者注：1980 年の国際障害分類 (ICIDH; International Classification of Impairments, Disabilities and Handicaps)における) 機能障害は「心身機能・身体構造」, 能力障害(能力低下)は「活動」, 社会的不利は「参加」とそれぞれ表現し, 病気だけでなく加齢も含む「健康状態」とするなど,

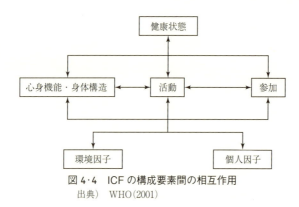

図4・4 ICFの構成要素間の相互作用
出典) WHO(2001)

従来の否定的表現から肯定的表現に変更している。心身機能・身体構造，活動，参加の総称が生活機能(functioning)であり，それが問題を抱えた場合に各々，機能障害，活動制限，参加制約と呼び，その総称を障害としていること，③ 各次元・要素が相互に関連しており双方向の矢印で示されていることとされる(高山，2009)。

WHO(2001)は，実行状況上の問題をもつが，機能障害も，能力の制限もない場合の例について，HIV陽性者と精神障害回復者への，対人関係や職場での偏見・差別の問題を挙げている。図4・4の要素としては「参加」が妨げられる例であり，その場合職場の風土や通院に関する上司の理解という「環境因子」が，「安心して働けるかどうか」という生活の質に影響を与えるわけである。

もう一つ，ICFモデルで重視される双方向性について，神田橋(2005)による双極性障害の治療を通して考えてみたい。彼は臨床医を対象とした講演で，「双極性障害の人は，社会的に人間関係の中で生きていく能力は，内省して言語化できる人よりもずっと優れています。だから商売人として優れているんです。商売人というの

は，ファーストフードのお店で「いらっしゃいませ」とかいうのでもいいんです，ラーメン屋でもいいし，いっぱいありますよ。看護職でも介護でも，人に対するサービスをする仕事には絶対向いています。(中略)お母さんは双極性障害でリチウム飲んでたけど，気分屋的に外界に奉仕するような生活をするようになって，リチウムがいらなくなった。もう3年ぐらい全然飲んでなくて，「波がありますか？」と聞いたら，「ありますよ」と言うけど，薬を飲まなくて社会生活しています」という経過を紹介している。

留意したいのは，薬物療法により「心身機能」が改善され，その結果生活の質が向上したという因果関係ではなく，生活への「参加」の方法を工夫したら「心身機能」が向上し，薬物療法が必要ではなくなったという方向が提示されていることである。このように従来とは異なった双方向性を明確にしたのが ICF モデルであり，それ故に精神保健福祉領域でアセスメントと支援を行うための基礎概念として広く活用されていると思われる。

4-4 ケース・フォーミュレーションの視点

心理療法におけるケース・フォーミュレーション(case formulation)は，個人の心理・対人関係・行動上の問題を引き起こし，悪化させ，そして維持させている要因についての仮説であると定義される(Eells, 2007)。行動，感情，思考，対人関係等に関する様々な情報を収集し，その中に一貫した問題や偏り，あるいは矛盾があれば同定し，クライエントをクライエントたらしめている要因について慮る。主訴，問題の契機，来談までの経過，来談経路，治療歴，心理

アセスメントの数量的・質的データなどあらゆる情報が，ケース・フォーミュレーションの基礎となる。

「心理アセスメント」という用語との関連について，実践上厳密な区別は必要ないかもしれないが，例えば下山(2008)は，(筆者注：ケース・フォーミュレーションとは)アセスメントで得た情報を集約する要素(問題のフォーミュレーション)と，それに基づいて介入の方針を立てる要素(介入方針の策定)の両要素をつないで，具体的介入計画を立てる作業を行う，と述べている。どのような介入によりクライエントの問題は改善されるのだろうか，苦痛が低減されるのだろうかという仮説生成的側面が強調される。将棋で言う「次の一手」を練るような作業であろう。

例えば，認知行動療法におけるケース・フォーミュレーションの段階は，第1段階：問題の明確化，第2段階：仮説探索，第3段階：フォーミュレーション，第4段階：介入，第5段階：評価となっている(Bruck, M., & Bond, F. W., 1998)。第3段階から第5段階で仮説を立て，介入し，さらにその結果を再評価するところまで含まれている点が重要である。経営学・品質管理学の用語である，PDCAサイクル(plan-do-check-act cycle)と概念的に重なるところも多い。また各種検査や構造化面接等から得られる結果はあくまでも情報であり，そこから生成される仮説により重きが置かれていることにも注意したい。

近年ではケース・フォーミュレーションで図示を活用したアプローチも見られ，ネズら(Nezu, Nezu, & Cos, 2007)は認知行動療法における臨床的問題の原因地図(CPM; clinical pathogenesis map)を作成している。図4·5は，サンドラ(仮名)というあるクライエントのCPMである。50代後半の敬虔なクリスチャン女性で，長年連れ添

った夫に突然先立たれた後，抑うつ，不安，慢性的な心配，死への恐れ，そして医学的な所見からは説明できない胸部の痛み，つまり図中の「心臓疾患に依らない胸痛症状」を訴えるようになっていた。

　図の**反応変数**(response variables)には現在の問題が含まれ，痛みの背景にはおそらく「感情の抑圧」があること，そしてクライエントの個人内要因である**生体内変数**(organismic variables)に列挙された問題が症状を持続させていた。「認知の歪み」「問題解決スキルの不足」そして「死別の悲しみ」などである。それらに関連して，長い年月をかけて形成されてきた**末梢変数**(distal variables)，つまり遠因も記載されている。「(筆者注：彼女が15歳のとき)心臓病による父親の突然死」「母親のアルコール濫用」さらに「人の世話をすることで承認されてきた」という過去の経験である。痛みを強める契機となった**先行変数**(antecedent variables)も同定され，それは「家族からの批判」や「仕事でのストレス増加」であった。その**結果変数**(consequential variables)として「医療機関への頻回受診」や対人関係において「他者から必要とされることの減少」が生じている。

　こういったケース・フォーミュレーションを行うためには，適切なアセスメントが必要である。この事例では「28点というBDI-IIの結果(筆者注：中等度の抑うつ)は，臨床的な支援が必要なことを示していた。彼女は喜びの喪失，以前は楽しめていたことへの興味の喪失，悲しみの感情，罪悪感，決定困難，集中困難，そして睡眠の問題を訴えていた。一方で自殺念慮や自殺企図に関する訴えはなかった」(Nezu et al., 2007)といった情報である。評価の際に適切な技法が用いられていることがわかる。

　また別の例として，特定の対象への恐怖症であれば，簡便な0-10 Rating Scale(＜不安が全くない状態を0，一番強い状態を10とした

4章 アセスメント実践における諸概念

末梢変数	先行変数	生体内変数	反応変数	結果変数	
心臓病による父親の突然死	親戚間の問題に巻き込まれることや、そのことの想像	認知の歪み（例：罪悪感、自己犠牲、または健康に関する）	心臓疾患に依らない胸痛症状	他者から必要とされることの減少	
母親のアルコール濫用	家族からの批判	問題解決スキルの不足	感情の抑圧	医療機関への頻回受診	
人の世話をすることで承認されてきた	仕事でのストレス増加	死別の悲しみ		社会的な支えの不足	抑うつ
身体反応性	社会的支えの喪失（配偶者の死）	宗教とスピリチュアリティに関する葛藤	死への恐れと心配	怒りと怨み	
	身体症状	身体症状への過剰な焦点化		恐れの持続	

図4・5　サンドラの仮定的CPM
出典）Nezu et al. (2007)

4-4 ケース・フォーミュレーションの視点

ら,現在の不安をその間の数字で表すとはどの位ですか？＞と尋ねる)を活用することもできる。特に認知行動療法においては，① 短時間で実施できること，② 繰り返しの測定に耐えられること，③ 微細な変化をとらえやすいこと，などがアセスメント技法を選択する際のポイントとなるであろう。

　実際の面接場面を想定したい。クライエントから見ると，自分の語りの内容が CPM として提示されることになる。複雑すぎるモデルで圧倒してしまうことのないような配慮，ないし知的な議論に傾倒しすぎないようにする配慮が必要であるが，「自分」を心理学的な観点から視覚化し，査定者と協働して話し合う意義は大きい。言葉でやりとりしているだけではしっくりいかなかったことでも，簡単な図を描くだけで共同作業的な雰囲気を作ることができたという体験は，多くの心理士が持っているのではないだろうか。

　また＜A さんの CPM はこのような結果になりました＞という，いかにもまとまった検査結果を伝えるような提示の仕方をするのではなく，あくまでも＜A さんがこれまで伝えてくださった情報や様々な検査に回答していただいた内容を，このような地図にまとめてみました。こういった要因や原因がしっくりくるかどうか，教えていただけませんか？＞という形で仮説探索に誘う方が，ケース・フォーミュレーションの目的にもかなうであろう。一枚の用紙へ相互に書き込み「この部分はちょっと違うような気がする」と話しながら修正を加えていくと，CPM の臨床的妥当性がより高まるはずである。

　この事例では，サンドラの不安，怒り，そして胸部の痛みをリラクゼーション訓練で顕著に和らげることができた。彼女の罪悪感，自己犠牲，そして漠然とした死の恐れへの受け取り方を変えるため

に，認知の再構築が取り組まれた(Nezu et al., 2007)。そして更にその介入が効果的かどうか検証し，次の目標が設定された。そういった「仮説生成と検証」の繰り返しがケース・フォーミュレーションを活用したアセスメントと心理療法の特長である。

4-5
心理検査と診療報酬

　精神科病院クリニックを始めとした医療機関において，主治医の指示で心理検査を行った場合，診療報酬を請求できる。診療報酬の算定方法の制定等に伴う実施上の留意事項について，厚生労働省(2006)によると，(1)検査を行うに当たっては，個人検査用として標準化され，かつ，確立された検査方法により行う。(2)(中略)なお，臨床心理・神経心理検査は，医師が自ら，又は医師の指示により他の従事者が自施設において検査及び結果処理を行い，かつその結果に基づき医師が自ら結果を分析した場合にのみ算定する。(3)医師は診療録に分析結果を記載する，とされる。

　臨床心理・神経心理学的検査の種類毎に，診療報酬点数は定められている。実際の点数表は，最新のものを参照されたい。診療報酬は1点10円で計算され，臨床心理・神経心理学的検査では基本的に実施と結果処理の複雑さにより分類されている。また一日の検査の中で，「発達及び知能検査」「人格検査」「認知機能検査その他の心理検査」の各枠から，それぞれ主として実施した一つの心理検査のみしか請求できない点には注意が必要である。つまり「人格検査」から「操作と処理が複雑な心理検査(450点)」であるロールシャッハ法とTAT絵画統覚検査のバッテリーを組んで，一日で実施した

としても 450 + 450 = 900 点にはならず，450 点のみしか請求できない。一方「発達及び知能検査」からコース立方体組み合わせテスト，「人格検査」からロールシャッハ法を実施した場合，80 + 450 = 530 点を請求することができる。

　上述した診療報酬の算定方法の制定等に伴う実施上の留意事項について，厚生労働省(2006)には「医師が自ら結果を分析した場合」との記述があるが，時間的制約やチーム医療の観点から実際には心理士が，アセスメントの実施―結果の整理―分析と解釈―(患者へのフィードバック)―報告書の作成をすることがほとんどであり，現状との食い違いが認められる。この問題は従来から指摘されており，小山(2003)は，臨床心理士が国家資格となり，医療に及ぶようになった後には，現状に即して，医師が心理テストのオーダーを出し，実施者は「医師」でなく「臨床心理士」と置き換わることを望みたいとしている。リエゾン精神医学に造詣の深い藤原・守屋(2010)も，いずれの検査も一見してわかるように，時間軸としてコストに見合う評価はされていない。(中略)むしろ，各検査にかかる時間，煩雑さ，難易度を考慮すれば，テストバッテリーや総合所見に対しては保険診療上の配慮がなされてもよいと思う，と制度上の問題点を指摘している。臨床心理・神経心理学検査は，検査の実施ないし数量化等の結果整理だけでは不十分で，それらの結果がクライエントの臨床像とどのように関連しているか，記述することにこそより大きな価値がある。その意味でも特に(アセスメント)総合所見に対する加算は今後必要であると筆者も考える。

　診療報酬の算定基準は 2 年に 1 回改定され，各検査が持つ医療技術としての側面が評価される。その評価は厳密であり，広汎性発達障害日本自閉症協会評定尺度(PARS; Pervasive Developmental

Disorders Autism Society Japan Rating Scale），思春期解離体験尺度（A-DES; Adolescent dissociative experience scale）などは「評価すべき医学的な有用性が十分に示されていない」とされ，次回以降へ持ち越しとなった（厚生労働省診療報酬調査専門組織医療技術評価分科会，2014）。

　面接料金の支払いに立ち会うことが多い臨床心理学系大学院（心理臨床センターなど）での実習と異なり，医療機関では会計窓口が別となるため，心理士が直接金銭に触れることは少ない。しかしながらクライエントが医療保険制度を利用してアセスメントの対価を支払っていることは，どこかで意識しておくべきであろう。例えば患者から「病気になったことがない人にはわからないと思います。心理検査なんかやって収入になるんですか？」と金銭に関する話題が持ち出されることがある。査定者の対応そのものが心理療法的関わりとなる場面であるが，そこで「今日やっていただくこの検査は450点の診療報酬つまり4500円かかります。そのうち3割が自己負担です。Aさんのこと適切に理解した上で，主治医と一緒に支援の方針を立てたいと考えています」と率直に説明することも，インフォームド・コンセントの一環である。そのための正確な知識であり，利用者に対し丁寧な説明を行うことが肝要である。

4-6
DSM-5，ICD-10と心理アセスメント

　2013年5月にアメリカ精神医学会（APA; American Psychiatric Association）によるDSM-5が公刊された。DSMは精神疾患の診断・統計マニュアル（Diagnostic and Statistical Manual of Mental

Disorders)の略で，その第5版となる。またICDは疾病及び関連保健問題の国際統計分類(International statistical Classification of Diseases and related health problems)の略で，その第10版が1990年に制定された。WHO(世界保健機関)による診断基準で，精神疾患だけでなく身体疾患も含んでおり，疫学的調査などに使用されることが多い。厚生労働省の「疾病，傷害及び死因の統計分類」は，ICD-10に準拠し行われている。現在ICD-11への改訂が2017年を目安に進められているところである。

いずれも精神疾患の診断基準を明確に定義したマニュアルないし分類であり，心理士に期待される基礎的な知識のひとつである。なぜならDSMとICDは，明確さと公共性という点で，大きな意義があると考えられ(神谷，2000)，特に前者については1980年のDSM-III以来，世界の精神科における共通言語として使われてきた(森・杉山，2014)からである。単純化して述べると，主治医の診断書，診療情報提供書に社会不安障害(sochial phobia)とあれば，それは「A. 他の人からの詮索の対象となりそうな社会生活場面で起る顕著な恐怖や不安で，そのような場面が1つ，あるいはそれ以上ある。例として，対人交流場面(会話やそれほど親しくない人との面会)，人目を引く場面(飲食)，人前での行動場面(人前で話す)」などの診断基準を満たすということであり，そのことは中学生の不登校を担当するスクールカウンセラーや養護教諭も等しく共有し，参照すべきであることを意味している。この点についてチーム医療における意思疎通も同様で，加えて操作的診断基準の導入によって，経験だけに頼った向精神薬の使用が，相当な妥当性を伴ったものになったことは大きな進歩となったとしている(三木，2013)。

2014年5月「DSM-5病名・用語翻訳ガイドライン(初版)」が日本

精神神経学会精神科病名検討連絡会 (2014) によって公表された。疾患名の変更も含め，特に心理士にとって重要と思われる部分を私見として提示したい。

① 多軸診断の廃止

DSM-III (1980) 以来，心理士も親しんできた多軸診断が廃止された。「第 I 軸 臨床的介入の対象となる障害」としての様々な精神疾患と，「第 II 軸 人格障害と精神発達遅滞」にそれら精神疾患と適応水準に影響を与えより長期的なスパンで捉えられるものを分けて記述するのではなく，第 II 部：診断基準とコード (Diagnostic Criteria and Code) の中でまとめて記載されるようになった。その背景には，人格障害であっても従来の「第 V 軸 GAF; Global Assessment of Functioning (機能の全体的評定)」で評価される適応水準つまり日常生活へ与える影響は精神疾患と本質的に変わらず，精神保健という広い枠組みからすると治療の優先度が低いわけでもないので，同列に記載しようという意図があると考えられる。

② WHODAS による全般的機能評価

上述した第 V 軸 GAF 尺度に変わり，WHODAS 2.0 (WHO Disability Assessment Schedule version 2) が全般的機能評価尺度として採用された。名称にもある通り，WHO (世界保健機関) により作成された尺度で，4-3 節の ICF モデルを基盤としている。WHODAS 2.0 は 36 項目版と 12 項目版があり，それぞれ構造化面接による実施法，自己報告式の質問紙による実施法が開発されている。

③ 自閉スペクトラム症・自閉症スペクトラム障害 (Autism Spectrum Disorder)

児童の発達障害が「神経発達症群/神経発達障害群」という大カテゴリーに包括された。そして従来までの「自閉性障害」「小児期崩壊

性障害」「アスペルガー障害」「特定不能の広汎性発達障害(PDDNOS)」が，DSM-5 では「自閉スペクトラム症・自閉症スペクトラム障害」にまとめられた。表 4・3 はその診断基準である。

従来自閉症を診断する際に依拠してきた Wing の三つ組み(Wing, 1981)は，「社会性の障害」と「コミュニケーションの障害」が相互に関連が強いとしてともに診断基準 A に，「想像力の障害(とこだわり行動)」が診断基準 B に含まれることになった。スペクトラムという用語は，虹のプリズムのように「連続した」という意味を持っている。自閉症の認知的・神経学的障害は，それが「あるか/ないか」という視点から捉えるよりも「濃いか/薄いか」という視点で捉えた方が正確であり，それが本人と周囲の人にどのくらい困難をもたら

表 4・3　自閉症スペクトラム障害の診断基準

以下の A，B，C，D を満たすこと
A：社会的コミュニケーションおよび相互関係における持続的障害(以下の 3 点)
  1. 社会的，情緒的な相互関係の障害
  2. 他者と交流に用いられる言葉を介さないコミュニケーションの障害
  3. (年齢相応の対人)関係性の発達・維持の障害
B：限定された反復する様式の行動，興味，活動(以下の 2 点以上で示される)
  1. 常同的で反復的な運動動作や物体の使用，あるいは話し方
  2. 同一性へのこだわり，日常動作への融通のきかない執着，言語・非言語上の儀式的な行動パターン
  3. 集中度や焦点付けが異常に強く限定，固定された興味
  4. 感覚入力に対する敏感性あるいは鈍感性，あるいは感覚に関する環境に対する普通以上の関心
C：症状は発達早期の段階で必ず出現するが後になって明らかになるものもある
D：症状は社会や職業その他の重要な機能に重大な障害を引き起こしている

出典)　DSM-5(2013)

しているかという重症度判定を，これからは重視しようという理念が背景にあると思われる。

　診断基準Cに，症状は発達早期の段階で必ず出現するが後になって明らかになるものもあると追加された。この点について森・杉山(2014)は要するに従来の幼児期の症状を中核とした診断基準から，どの年齢でも用いることが可能な物へと大きく変わったと指摘している。しかしながら同時に，発達早期の段階で必ず出現するが(下線部筆者)とされている点にも注意が必要であろう。つまり当時保護者は多忙や経済的な余裕のなさにより見落としていたかもしれないが，後になって振り返ってみると思い当たるような症状があった，という確認がなされなければならない。前節でふれたPARSは，その目的のために開発されたアセスメント技法である。

　特に思春期・青年期以降の診断では，現在のコミュニケーション(治療者との関係も含む)が独特で不適応の原因になっているという基準だけでは不十分であり，過去にさかのぼった詳細な生育歴の聴取が必要であろう。可能であれば母子手帳に記載された1歳6カ月検診，3歳児検診の情報，あるいは就学前の保育園・幼稚園での遊び方などを確認し，対象者の現在を評価するウェクスラー式知能検査やAQ-J(Autism-Spectrum Quotient-Japanese version/若林・東條・Baron-Cohen・Wheelwright, 2004)の結果と照合させると，より立体的な理解につながる。

④ 統合失調症スペクトラム障害(Schizopherenia Spectrum)

　統合失調症についても，スペクトラムという用語が使用されるようになった。症状の強さや持続期間について，軽い方から重い方へ「統合失調型パーソナリティ障害」「妄想性障害」「短期精神病性障害」「統合失調症様障害」「統合失調症」という順番である。「統合失

調型パーソナリティ障害」については次項「パーソナリティ障害」のカテゴリーとまたがっているが，これは従来より指摘される通り，統合失調症と共通した遺伝的・生物学的要因が推定されるからである。

　環境因と予後についても診断基準に組み込まれた。「短期精神病性障害」では「該当すれば特定せよ」とし，「明らかなストレス因がある（短期反応精神病）」「明らかなストレス因がない」「産後発症」の3下位分類が，「統合失調症様障害」でも「予後の良い特徴を伴う」「予後の良い特徴を伴わない」の2下位分類が設けられた。いずれも復職等社会復帰を考える際に，重要な指標である。

　この考えは新しい重症度判定法にも活かされており，DSM-5 からはレーダーチャート形式の「多元的診断のための治療者評価精神病症状重症度ディメンション」が採用された。図 4·6 はその例である。「I 幻聴」「II 妄想」「III 解体」「IV 興奮（緊張病）」「V 陰性症状」として統合失調症の主症状が，「VI 認知機能障害」「VII うつ」「VIII

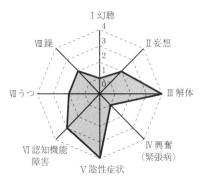

図 4·6　DSM-5 治療者評価精神病症状重症度ディメンション
　出典）　岩田（2014）より抜粋

躁」として予後に関連し個別治療計画で評価すべき内容が、それぞれ軸として設定されている。このような次元(deimention)モデル・数量化モデルは心理士にも馴染み深いところであり、今後の活用が期待される。

⑤ パーソナリティ障害カテゴリーに大きな変更はないが、今後、特性論に基づいた折衷モデルが導入される可能性もある

DSM-IV-TR(2000)までのように独立した第II軸としての形ではなくなったが、パーソナリティ障害分類に大きな変更はない。DSM-III(1980)とDSM-III-R(1987)を作成する際に、心理学者のミロン(Millon, T.)により整備された分類がほぼそのまま残された形である。つまり、質問紙法であるミロン臨床多軸尺度(MCMI; Millon Clinical Multiaxial Inventory)の影響は引き継がれた。

従来のクラスター毎にまとめたパーソナリティ障害の分類では、クラスターAは「奇妙さと風変わりさ」、クラスターBは「衝動性と対人関係の不安定さ」、そしてクラスターCは「不安と恐れ」をそれぞれ特徴とする。また今回採用されるには至らなかったが、DSM-5の今後の研究にはパーソナリティ障害の折衷モデル(Hybrid model)が新たに提唱されており、境界性パーソナリティ障害、反社会性パーソナリティ障害などより社会的機能の低下を招くものがその適用となっている(表4・4)。

これはパーソナリティの病理的な側面について「主な特性(Trait Domain)」を評価する仕組みで、「敵対(Antagonism)」「抑制不全/強迫性(Disinhibition/Compulsivinity)」(この特性では、抑制不全と強迫性が両極性であると仮定される)「否定的感情(Negative Affect)」「孤立(Detachment)」「精神病性(Psychoticism)」の5特性、そして表中では割愛したが、さらに各特性にぶら下がった小項目で

表 4·4　DSM-5 におけるパーソナリティ障害と折衷モデルの適用

	名称	折衷モデルの適用
クラスターA（奇妙/風変わり）	猜疑性/妄想性パーソナリティ障害（Paranoid PD）	
	シゾイド/スキゾイドパーソナリティ障害（Shizoid PD）	
	統合失調型パーソナリティ障害（Schizotypal PD）	「精神病性」「孤立」「否定的感情」
クラスターB（衝動性/対人関係不安定）	反社会性パーソナリティ障害（Antisocial PD）	「敵対」「抑制不全」
	境界性パーソナリティ障害（Borderline PD）	「敵対」「抑制不全」「否定的感情」
	演技性パーソナリティ障害（Histrionic PD）	
	自己愛性パーソナリティ障害（Narcissistic PD）	「敵対（誇大性/注意喚起）」
クラスターC（不安/恐れ）	回避性パーソナリティ障害（Avoidant PD）	「孤立」「否定的感情」
	依存性パーソナリティ障害（Dependent PD）	
	強迫性パーソナリティ障害（Obsessive-Compulsive PD）	「強迫性」「否定的感情」
その他	他の特定される，および特定不能のパーソナリティ障害（Other Specified PD and Unspecified PD）	
	パーソナリティ障害，特性が特定されるもの（PD-Trait Specified）	いずれかの主な特性（Domain）

ある「下位特性（Trait Facet）」から構成される。例えば他者との対抗的関係である「敵対」であれば，「敵意（Hostility）」「虚偽性（Deceitfulness）」「操作性（Manipulativeness）」などの下位特性が評価される。そして境界性パーソナリティ障害にこの折衷モデルを適用すると，「敵対」「抑制不全」「否定的感情」各特性の高さとして特徴づけられるわけである。

DSM-5のパーソナリティ障害診断基準作成過程には，2010年版ドラフトにおける大幅なディメンショナル（次元・特性）モデルの導入，そして2011年版ドラフトにおけるカテゴリカル（類型）モデルへの回帰など様々な紆余曲折があったが，この点については井上ら(2012)に詳しい。いずれにせよパーソナリティ心理学の基本的概念である「類型論」と「特性論」を念頭におくと，DSM-5のパーソナリティ障害はより発展的な理解が可能となる。

最後に前述の三木(2013)は，「精神医学の客観化は，脳科学の進歩と連動しこれからも進んでいくと思われ診断基準や治療ガイドラインもそれに従ったものになるのは間違いない。インフォームド・コンセントの本来の意味は，身体医療の場に患者さんの主観を導入することであった。主観を大切にするこころの臨床家の存在，医療との連携がこれからの精神医療にはますます大切なものとなってくると考えている」と記している。

これまでも，そしてこれからも「主治医の先生に〜と診断を伝えられました」と心理士の面接で話すクライエントは後を絶たないはずである。そのような場面で，DSM-5に代表される操作的診断基準に記述された症状が毎日の生活へどのような影響を及ぼし，どのように主観的な生きづらさへとつながっているのか，クライエントに馴染みのある言葉で丁寧に，共感的に説明するという通訳の役割が，心理士には求められるのであろう。

4-7
初心の査定者が留意すべき事項1：
日本におけるアセスメントの変遷を踏まえて

　第二次世界大戦以前から，特殊教育という枠組みの中で精神発達遅滞児等への治療教育が行われていたが，臨床心理学が応用心理学の一分野として，そして国の制度として幅広く心理的問題へ取り組むようになったきっかけは，1947年の児童福祉法により全国各地に児童相談所が設置されたことであった。すべて国民は，児童が心身ともに健やかに生まれ，且つ，育成されるよう努めなければならない。すべて児童は，ひとしくその生活を保障され，愛護されなければならない（児童福祉法第1章総則第1条）という目的のために相談援助活動は行われ，児童および家族への様々な働きかけがなされることとなった。職員にはケースワーカー，心理士，精神科医・小児科医，保育士などの専門職が配置され，家庭環境，地域，児童の発達・行動の観察などを踏まえた総合的な判定が始められた。現在でも，児童相談所の専門性は職員の協議により維持されるところが大きく，このためにも受理会議，判定会議，援助方針会議等の各会議の位置付けを明確にする（厚生労働省，2007）と児童相談所運営指針には明記されており，これはそのまま多職種による事例検討会にあたる。こういった経緯に，日本における臨床心理学的支援の萌芽をみることができる。

　同時期に，様々なアセスメント技法が海外から導入された。以下は，その一部である。

・1948年　鈴木ビネー・テストの改定
・1950年　MMPIが児玉省により紹介

・1953年　TATが戸川行男により紹介
・1958年　「ロールシャッハ研究」発刊
・1961年　P-Fスタディが林勝三により紹介

　自明ではあるが歴史的に振り返ってみても，臨床心理アセスメントは心理的援助方針の策定のために実施されてきた。ある特定の働きかけを一定期間続け，対象者の行動に変化が見られたかどうか客観的データに基づいて判断し，もしも問題行動に変化が見られない場合は働きかけの方法を修正するという形である。

　筆者の見解であるが，かつては対象者の問題行動の構造は現在に比べると単純で，既存のアセスメント方法により解析することが比較的容易であった。心理アセスメントは対象者の認知過程，社会的技能，感情の特定領域について，詳しく評価の資料を収集するという手続きを通して，対象者の福祉に役立っていた。しかしながら現在では，個人を取り巻く家庭，学校，会社など社会環境の変化により，単純にパーソナリティと知能を評価するだけでは実像を捕らえるに不十分で，そのことのみで対象者の問題を記述することが難しくなってきている。いくつか事例を挙げたい。

1. 児童期の不登校が担任教師やスクールカウンセラーの援助の甲斐もなく思春期まで持続し，さらには青年期引きこもりの状態にまで，つながってしまう。

2. 思春期の女性に特異的な障害と考えられていた神経性無食欲症の発症年齢が思春期より早く，小学生に発症することもまれではなくなってきた。その一方で30代に入ってから，あるいは男性においても発症するようになった。しかも拒食と過食と二つの病相を見せることから，アセスメントと治療の過程が複雑化している。

3. 従来，非行問題の解明に用いられてきた理論のみでは再発の予測が困難になってきている。未成年者による重大な非行事案は数こそ少ないものの一定数存在し，その多くが矯正訓練プログラムに乗ってこない状況にある。

これらの問題行動や心理的不適応は，心理士が遭遇する事態をごく一部，紹介したにすぎない。さらに未成年のみならず，中年期・老年期にある人々の臨床心理学的諸問題も時代と共に複雑化してきているようである。

心理士はことばにより対象者の考え，感情，態度を変容するように努力してきた。クライエントとの間で疎通性と治療的関係性を持つための努力と工夫が，昨今さらに必要とされるようになってきたことを実感する。これまでのアプローチでは適わず，従来のアセスメント技法の無効性を臨床家に突きつけることも少なくない。社会の変化とクライエントの変化に対応できるような柔軟さが，査定者にも求められよう。

4-8
初心の査定者が留意すべき事項2：
アセスメント場面での行動観察と関係性

自明のことであるが医療において留意しておきたいのは，必ずしも症状と診断が直結しないことである。例えば初期の症状と行動が同じように不安を示しても，その不安が神経症水準に留まるものか，それとも精神病に移行する可能性のあるものかを判断しなければならない。統合失調症の初発時に認められることのある強迫観念・強迫行為などは，後者の代表であろう。

またアセスメントの妥当性に関わる問題であるが，心理検査の手引きに忠実に実施したとしても，対象者の臨床像からかけ離れたデータを見ることも少なくない。そういった場合，何でそのようになったのか，様々な可能性を検討する必要がある。そのひとつの例として，不安が前景にある対象者をアセスメントするには，対象者が抱える病理についても熟知しておかねばならない。そして被検査者‐査定者の相互作用について，二者間にラポール（rapport，信頼関係）がどの程度形成されたかを判断できなくてはならない。

そのために，査定者がまず落ち着いた和やかな雰囲気を設定する必要がある。検査中には被検査者の非言語的反応，つまり被検査者の視線，表情，さらには反応速度などについて丁寧に観察する。その際には，必要以上に活発であった，沈んだ悲しそうな表情である，硬い，深刻，緊張が強い，何かに怯える様子，眉をしかめる，無関心，空虚，冷たい，極めて苦悶的，仮面的といった形容がなされるかもしれない。これらの観察からの情報と数量化されたデータが組み合わされたときに，はじめて精度の高い総合的なアセスメントが可能となる。

統合失調症の初期ないし発病前の潜伏期では，神経症水準の不安とテストスコアそのものも変わらないことがある。しかしながら，行動観察で「怖い」「不安だ」と言いながら人ごとのように反応したり，周りのものから理解を受けなくても平気でいる。話し方が控えめであっても，時間の経過とともに，無遠慮さとなれなれしい態度を査定者にみせる。職場では落ち着かず机に座っていない。仕事に注意集中せず電話連絡メモ帳には判読できない強い筆圧で殴り書きをしている。独語のはじまりと同時にトイレに入り込みトイレットペーパーを何巻も巻き取り捨ててしまう，などの問題が生じとし

4-8 初心の査定者が留意すべき事項2

たら,非専門家であっても同じ判断をするであろう。

　筆者は発病の初期に統合失調症の可能性を疑い,精神科医による診察と薬物療法の機会を紹介することは,心理士の重要な査定業務のひとつであると考えている。多くの経験を積んだ精神科医より,心理士やスクールカウンセラーに任せておくと,治療開始時期を逸してしまいその後の治療が難渋して仕方がないとの苦言を聞く。そういったことがごく一部であることを願うが,そのためにはアセスメントの結果が偽陰性(false positive)とならないように,精神病理を幅広くスクリーニングする,つまり網をかけるような態度がよいと思われる。これには筆者の主観的診断も多分に含まれているが,「怖い」「不安」と訴えながら深刻さのない言動を見た場合は,現実吟味の観点から統合失調症の疑いをどこかで持って対処しなければいけないであろう。

　率直に言って,心理士やスクールカウンセラーが対象者をアセスメントする機会は,精神科医が診察で対応する患者の人数と比べると明らかに少ない。精神科医は診療を任せられ始めると,半日の担当枠で20名近くの患者を診断,検査,治療しなければならない。経験を積んだ上級医師になると,40名前後の診察を行っている。単純には比較できないにしても,精神科医は心理士やカウンセラーよりも短い期間で,様々な疾患と出会っている。それだけに患者を診断する枠組みは広く,また身体疾患との関連も同時に評価している。

　一方,心理士が扱う対象者の数は限定されており,より深く狭くと言うと聞こえは良いが,対象者と心理士との関係に没頭するあまり,査定基準が偏りがちなものになる危険性もはらんでいる。先に対象者の要因について見たが,このことについては査定者の生活史,

価値観，そしてパーソナリティが関係性にどのような影響を与えているか，査定者自身が自覚しておく必要があるということでもある。このようにアセスメントにおいて，検査者による判断の客観性，妥当性を維持することは困難な課題であり，これらのことを筆者は初心者のスーパーヴィジョンを通じて経験する。

　一例を挙げると，ロールシャッハ法を実施する査定者の不安が強い場合，クライエント自身は図版の陰影を知覚していないのに，査定者の方が陰影刺激を手がかりにしているだろうと気になり，コーディングのための似たような質問を繰り返してしまうことがある。これはクライエントの知覚過程の現れではなく，単に査定者の不安を反映したものに過ぎない。

　また自我機能の弱いクライエントのロールシャッハ法においては，反応領域をはっきり決められないことがある。そういった場面で強迫的傾向の強い査定者が，はっきりとした領域を指摘するよう，クライエントに強制的に尋ねることもある。このような失敗は，査定者自身の言動がクライエントにどのような影響を与えているかという，自覚に乏しいことの現れでもあるだろう。

　初心の査定者向けにまとめると，中立的で共感的な態度と，人間的配慮を失ってはならないという対人支援職の基本は，心理アセスメントにおいても同様である。査定者の価値観や生活史を形成してきた社会文化的要因に，時として対象者の言動は影響をうける。そういったバイアスを防ぐために，年余にわたる研鑽が求められる。

◀ ま と め ▶

❏ テスト・バッテリーを組むことにより，パーソナリティの多層性を理解することができる。質問紙法と投映法の組み合わせが代表的であるが，知能検査や神経心理学的検査を含むことも有用である。

❏ 投映法は質的データと数量的データの両方を産出し，共に重要である。また前者から後者への変換により検査としての信頼性・妥当性が担保され，ロールシャッハ法による単極性うつ群と双極性うつ群の鑑別(Kimura 他，2013)等が可能となる。

❏ MMPIとロールシャッハ法の組み合わせにより，クライエントに合わせたフィードバック面接の方略を考えることができる。

❏ 生物-心理-社会モデル(Engel, 1977)は「疾病と医療」，ICFモデル(WHO, 2001)は「障害と福祉」を理解するための基礎的なリファランスである。

❏ ケース・フォーミュレーションは，個人の心理・対人関係・行動上の問題を引き起こしている様々な要因に関する，仮説(Eells, 2007)と定義される。近年では臨床的問題の原因地図(Nezu 他，2007)など図示化の方法も提唱され，仮説生成と検証を繰り返すことでクライエントへの理解を深めていく。

❏ 医療機関における，心理検査の実施は，診療報酬制度に組み込まれている。算定には様々な留意事項があるため，心理士もその知識を身につけておく必要がある。

❏ DSM-5(2013)では，①多軸診断の廃止，②WHODAS20による全般的機能評価，③自閉スペクトラム症・自閉スペクトラム障害，④統合失調症スペクトラム障害，⑤パーソナリティ障害における特性論の折衷モデル，など様々な変更がなされている。いずれも心理士によるアセスメントと密接に関係する領域である。

❏ 初心の査定者は，①社会の変遷に伴うクライエントと疾病の変化，②対象者と査定者の関係性，に注意深く目を向ける必要がある。特に後者については，査定者の様々なこころの動きが，結果解釈のみならず検査過程そのものにも影響を及ぼすことを，自覚しておかなければならない。

◀より進んだ学習のための読書案内▶

森 則夫・杉山登志郎・岩田泰秀(編著) (2014).『臨床家のための DSM-5 虎の巻』日本評論社

☞ DSM-5(2013)の副読本としての目的を越えて,DSM の歴史的経緯 そして操作的診断基準の臨床的活用について学べる一冊である。DSM を「本当に使いたい」と願う心理士に薦めたい。

下山晴彦 (2008).『臨床心理アセスメント入門―臨床心理学は,どのように問題を把握するのか』金剛出版.

☞ ケース・フォーミュレーションの視点から,心理アセスメントを捉えなおした一冊。

5章

心理アセスメントの研究法

生きものとしての心理アセスメントに取り組むために

【キーワード】
心理アセスメントの可変性,消費者,当事者,言葉,具象イメージ,抽象イメージ,数値

● ● ● 5-1 ● ● ●

心理アセスメントと研究

　本章では,心理アセスメントの研究法について論じていく。まず「心理アセスメント」と「研究」というものの関わりについて述べていく。1章の冒頭でも触れられている通り「心理アセスメント」と「研究活動」はどちらも日本臨床心理士会により臨床心理士の4つの業務の中に位置づけられている。研究活動は心理アセスメントと同様に心理士にとっては「当然行うもの」であると言うことができるだろう。

　心理アセスメントと研究の関係には二通りのものがあると考えられる。まず一つは,臨床心理学的なテーマの研究に際して心理アセ

121

スメント技法(狭義の心理アセスメント法,いわゆる心理テスト)を用いるものである。この種の研究では,何らかの心理学的対象に対して研究を行うときに,質問紙法や投映法などの心理アセスメント技法を調べたい現象に対する測定用具として用いる。抑うつの度合いを調べるために質問紙を用いる,パーソナリティの統合度合を調べるためにロールシャッハ・テストを用いる,ある心理的特性を持つ人の心理を調べるために風景構成法を用いるという具合である。

　二つ目は,心理アセスメント法を研究対象として,観察法や質問紙,実験などを行って心理アセスメント法そのものの性質を調べようとするものである。ロールシャッハ・テストの父親図版にはどの図版が選ばれやすいか(福井, 2011),バウムテストで枠づけ法と枠なし法では描かれる絵にどのような差異が現れるか(森谷, 1983),ある質問紙法はある状況でどのような偏りを見せるかというようなことがこの種の研究ということができる。これらの研究は,前者の研究とは異なり,心理アセスメント法は研究の測定用具ではなく,研究の対象として,つまりそれ自体を知ることを目的として研究が行われている。

　この二種類の関係には,心理アセスメント法を「物差し」として用いるのか,それとも心理アセスメント法を別の物差しを用いて「研究対象」とするのかという違いがある。前者の場合,基準として用いられているのであるから,心理アセスメント法そのものの性質(妥当性や信頼性など)は検討の対象にはならない。つまり,心理アセスメント法自体は固定的で確定的なものと見なされているということになる。そうでなければ他の心理的現象を測る道具としては機能しないので,このことは前者の研究が持っている暗黙の了解ということになる。これに対して後者の関係では,アセスメント法は

研究対象であるから，可変的，不確定的なものであるということになる。研究してみなければその技法がどのように振舞うかがわからない，あるいはある技法は経験的にある振舞いをするがそれが他の状況にも当てはまるのかどうかわからない，ということが想定されるために研究を行うのであるから，この考えに立てば心理アセスメント技法は固定的なものでも確定的なものでもない。

　本章で扱うのは上に挙げたところの後者の関係，つまり心理アセスメント技法そのものを研究対象として研究を行うとき，どのような方法論があり得るかということを明確にしておきたい。心理アセスメントは可変的で不確定的であり，場合によっては流動的ですらあり得る，というのが本章の立場である。

　この立場を明らかにすることは非常に重要である。前者の立場に立ち，心理アセスメント法を固定的なものと見なして研究方法に用いるということは，研究手法の選択として十分に意義のあることである。実際，心理アセスメント法そのものも開発者という「人」の手によって作られたものであり，修正可能性や改良可能性，そして反証可能性に開かれたものである。十分に検討された心理アセスメント法はそれ相応の妥当性や信頼性が確保されたものあるが，それがどのような対象のどのような状況にも適応可能であるというものではない。それを考えれば，前者の関係つまり心理アセスメントを研究の測定用具として用いる立場は，その不確定さを見込んだ上で，物差しとして用いるために敢えて固定的だという仮定を行って研究に用いているのである。

　蛇足になるが，この立場が臨床現場に流入してしまうと，明らかな害が生じる。1章でも述べているが，臨床現場では心理アセスメントは心理アセスメント技法だけで行われるものではなく，面接，

観察を行いつつ「行きつ戻りつ」で行うものである。その中で心理アセスメント技法の結果が中心になるべきということは必ずしも前提ではなく、それぞれの結果は対等にアセスメントの一部として機能すべきである。しかし、このことはことさらに強く意識をしていないと忘れられがちなことでもある。面接、観察の結果と心理アセスメント技法の結果が食い違ったときには、「なぜこのような矛盾が生じるのか」という俯瞰的な視点から考えるべきであって、「面接、観察ではこう見えたけれども心理アセスメント技法を使ってみたらそれは間違っていた」というふうに捉えるべきではない。中井(1998)が言うように、それぞれのアセスメントの結果が一点を指すときにこそアセスメントが成立するのであるならば、一見矛盾した結果をどのような観点から見たら「一点を指す」ように見えるか、という視点を探索しなければならない。このような探索を行おうとするときに、心理アセスメント技法の結果が固定的だと捉えることは、アセスメント全体に足枷をはめてしまうことになる。

　もし、心理アセスメント技法やその結果の読み取り方が固定的で変化しないものなのであれば、その技法は養老孟司の言うところの「死体」である(養老, 2004)。もしそれが生きているのであれば、必ず「勝手に」変化し、「年中変わる」ものであるはずだろう。クライエントもセラピストも生きている以上、クライエントとセラピストを仲立ちする心理アセスメント技法も、生きているものでないと具合が悪いだろう。心理アセスメント技法は生き物である。クライエントもセラピストも生きて動くからこそ、それを測るために動かない技法を用いるのだという考え方もあるかもしれないが、それはあまりにもアセスメント技法というものを盲信していると言わざるを得ない。それが高じると、神田橋が半ば揶揄するように「検査結

果の奴隷」(神田橋, 2013)^(注)になってしまう。

　話をもとに戻すが, 本章では心理アセスメントと研究の関係を, 心理アセスメント技法を対象として研究活動を行うものに限定する。

5-2 心理アセスメントの研究の前提

　次に, 心理アセスメントの研究を行うための前提を二つ述べる。
　まず一つ目は,「心理アセスメント技法は研究の対象である」ということである。これはほとんど前項に述べたことの繰り返しになるが, 前提として重要なので「研究の対象である」ということの意味についてより詳しく論じておく。「研究の対象である」ということは, その技法の精度の向上や対象の多様化, ある一部分のより深い理解に貢献することも可能だし, また批判を行うこともできるということである。青木(2013)のロールシャッハ・テストの色彩投映(Cp)反応はこの「一部分のより深い理解」の研究に当たるし, ロールシャッハテストの包括システムの特殊スコアの一つである抑うつ指標(DEPI)は抑うつの指標としては不適切であるという研究は批判的な研究に当たる。また, 筆者の風景構成法における付加段階の研究(佐々木, 2012)も, 一部分のより深い理解の研究にあたるだろう。

　このときに重要なのは, 心理アセスメント技法を俎上に乗せるにせよ研究者として自分が俎上に乗るにせよ, 俎上に乗った以上は開

　注）　ただし, 神田橋は心理アセスメントのことではなく, 医学的検査全般についてこう述べている。

発者と研究者は対等であるということである。より正確にいえば，適切な方法に則って得られたデータの前では誰もが平等である，ということである。その意味で言えば，○○大学××学教授が監修，作成したという心理アセスメント技法に，大学院の修士1年生が疑問を呈してもよいのである。また，臨床現場での経験の長短に差があっても，データの前では平等である。つまり，心理アセスメント技法を研究しようというときは，開発者と同じ土俵に立つことが可能になるのであり，また同じ土俵に立つという度胸が必要になるとも言える。先に「適切な方法に則って得られたデータの前では誰もが平等」と書いたが，この「適切な方法」をどのように保証しているかを考えるのが本章の次節以降となる。

　心理アセスメント技法研究の二つ目の前提は，心理アセスメント技法だけを研究しても心理アセスメント技法の研究にはならないということである。わかりにくいかもしれないが，心理アセスメント技法は必ずより広義の心理アセスメント，つまり「観察，面接，心理アセスメント技法」の文脈の中に位置づけられていない限り，意味がないのである。つまり，どの技法を対象にするにしても，どのような施行者がどのような状況でどのような教示のもとで行い，どのような方法で回収を行ったかという情報を含んでデータ化しない限り，その結果には有効な意味は生じ得ない。質問紙法であっても，施行者がどのような属性を持ち，どのような態度で質問紙を配布したかも非常に重要な情報である。浜田(2011)は青年期における性に対する意識を研究テーマとして大学生に質問紙調査を行っているが，「性」をテーマとした質問は被検者にとって答えやすいものではない。このような場合に結果について考察を行う場合は，被検者が施行者と同性であるか否かによって読み取れるものが異なる可能性

を考慮しなければならない。また，回答が行われた状況が，大学の講義の場のようなオープンな場であったのか，それとも個別に答えたのか，また，回収も封筒などで書いたことが外から見えないようになっているのかそうでないのかによって，得られた回答の意味が変わってくる。それだけでなく，施行者がどのような態度で質問紙を配布し，どのような声や言い方で教示を行ったのかも重要である。特に教示は，何を伝えるかも重要だが，どのように伝えるかも同じかそれ以上に重要になってくる。

　また，風景構成法やバウム法などの描画法になると，このような前後関係や施行状況の重要性はより大きくなる。まずはその描画が集団法で行われたのか個別法で行われたのかが決定的に影響するし，教示のしかた一つでその絵の描かれ方も全く異なってくる。そして，描かれたものをどう受け取るかが状況に影響される度合いは質問紙の場合よりもはるかに大きくなる。

　前節では，心理アセスメントという言葉を狭義の心理アセスメント，つまり心理アセスメント技法そのものに限定すると述べたが，そう限定してなお，研究するにあたっては広義の心理アセスメント，つまり面接や観察の部分を無視することはできない。狭義の心理アセスメント技法を研究するためには，その研究が設定された文脈や状況を含めて研究を行わないと，せっかく得られた結果も適切な考察にたどりつけないという事態が生じてしまうかもしれない。

　以上，心理アセスメント技法の「可変性」と「文脈依存性」の二つを強く意識して研究計画を立て，データ収集を行い，分析し，解釈しなければならないというのが心理アセスメント技法の研究を行うための前提であることを確認して，次節へと進むこととしよう。

5-3
心理アセスメント研究の目的

　心理アセスメントの研究法を考えるにあたって次に明確にしなければならないのは，その研究の「目的」である。「目的」といっても，通常の研究を構成する問題・目的・方法・結果・考察の中の目的とは意味合いが異なる。研究論文の目的よりもより広い，口語的に言えば「その研究で目指したいこと」というほどの意味合いである。何のためにその研究を行うかを明確にしておかないと適切な方法を選択することはできない。また，研究する理由はごまかしの無いものでなければならない。半ば戯言として，しかし半ば本気で書くのだが，「書かないと大学院を修了(学部を卒業)できないから」「指導教員に命じられたから」「書かないと就職がないから」などという理由で書くと言うのであれば，生き物である心理アセスメント技法に対して失礼である。わざわざこのようなことに言及するのは，心理アセスメント技法というのは単位として独立しているために，研究テーマとして設定しやすいという事情があるからである。研究は，様々な形で残る。しかたなく書いた論文でもそれは同じである。残るものを書くのであるから，何のために書くのかについては，考え抜いてから研究をしてほしい。

　さて，この何のために書くのかという「目的」が異なれば，それぞれにとるべき研究法が異なってくる。以下，様々な「目的」について述べていく。

(1) 技法としての洗練

　これは，既に用いられている方法の一部分や様々な状況での使用

法についてより詳しい，あるいはより多様な知見を得ようとするものである。既に一定の評価が得られている方法について，今まで用いられていない用い方を行うという場合もこれに含まれる。この場合は，先行研究で行われていることを十分踏まえた上で，どの部分に洗練を加えるのかを検討する必要がある。

　心理アセスメント技法を対象とした研究ではこの型のものがもっとも一般的であろう。先にも例を挙げたが，ロールシャッハ・テストの一つの指標についての実証的な研究を行ったり，風景構成法の一つの段階について詳細にその意味を探求したり，あるいは，一般的に用いられている質問紙法に，ある特定の目的に使用するために質問項目の増減を行ったりするものが含まれる。先に「先行研究として行われている研究を十分に踏まえて」と当然のことを書いたが，ここで行われた研究はまた新たな先行研究として蓄積され，後から同じ技法を研究する研究者に対する道標となっていくのである。

(2) 新技法の開発

　これまでになかった技法の開発を行うのがこの型の研究である。しかし，開発を行うといっても，実際は既に臨床現場で様々な工夫と改良のもとで研究者＝臨床家が用いていて，ある程度有効であることが臨床実感として得られているものについての検討と紹介が主な目的になることが多いだろう。臨床現場での実績のない新技法が有効であることは希有のことであると考えられる。新技法の開発は，多くの新発明や新理論がそうであるように，既存の技法から着想を得て，それを展開させたものであることが多い。(1)の「既存の技法の洗練」との違いは，得られた方法が，新しい名前を付けるに値するほどに離れたものである場合である。風景構成法が箱庭療

法から着想を得て行われたような場合がこれに当たる。この型の研究が有効であるかどうかは，ひとえに後の臨床家がどれだけ現場で用い，後の研究者がどれだけその技法の洗練を行うかにかかっている。

(3) 特定対象の検討

この型の研究は，技法そのものは既存のものをそのまま用いるが，適用する対象を何らかの条件で限定し，その結果から技法の特徴を捉えようとするものである。例えば，「高齢者の○○法の特徴」「○○症における××技法の特徴」「□□法に現れる△△障害児の特性」という研究がこれに当たる。これは先に述べたような「心理アセスメント技法を用いた研究」と形式的には極めて類似していて，研究の進行の中で，この「目的」がどちらにあるのかが不明瞭になってしまう研究も少なくない。そのような場合，対象者の特徴を捉えることを主眼にすえるのか，技法の性質についての知見を得たいのかが明瞭でなくなるため，研究として中途半端なものになってしまう危険性が高い。この型の研究を行う場合は，研究が進んでいく中で何が問題なのかを常に意識するように心がけないと，結果的に特定集団の「偏り」だけを強調するだけのものになってしまう可能性が高くなることには注意を払う必要があるだろう。

(4) 追　　試

現在の心理アセスメントの研究において最も不足しているのがこの型の研究である。そもそも心理アセスメントに限らず臨床心理学の研究は，ランダムサンプリングが困難な上に，指標化などを行うときも判断の揺れが不可避的に生じてしまう。そのために，ある研

究で得られた結論がどの程度の一般性を持つのかについては慎重な検討が必要である。そこで，ある研究に対して可能な限り条件を同一にして同様の研究を行ったときに，同様の結果が得られるのかどうかが非常に重要になってくる。しかし，現状ではこのような研究は非常に数が少ない。例えば，風景構成法の研究の中では，純粋に追試といえるのは皆藤(1994)の研究に対して金谷(2004)が行っているものなど，ごく少なく，その他にはほとんど見当たらない。心理アセスメント技法の，ひいては臨床心理学の研究が広い意味での妥当性を持つためにはより多くの追試が行われることが必要である。追試によって，以前の研究と異なる結果が出たとしても，それは以前の研究を否定することにはならず，むしろその問題の可変性が明らかになるのだから，よりその心理アセスメント技法に関する知見が豊かになるはずである。心理アセスメント研究一般に言えることだが，一つの条件で研究が行われると，その結果が「その条件における一般的な結果」として流通してしまうのは心理アセスメント技法研究の通弊ではないだろうか。

　極端に言えば，本来ならばある先行研究とこれからやろうとする研究の比較を行いたいならば，研究者自身の手で先行研究と同じ方法で再現研究を行った上で比較を行わないと精密な比較はできない。この意味でも後続の研究の一部として先行研究の追試はより推奨されるべきである。この型の研究がより多く行われるには，何よりもこの型の研究の重要性が研究者自身や，研究指導者に理解されることが必要だろう。そして，どの研究が追試が行われる価値があるかを見抜く眼も必要になってくるだろう。

(5) 経験的な方法の実証

心理アセスメント技法の多くは臨床現場で用いられているものであるから、職人技的な知見が蓄積され、それが文献として報告され、そのことがまた臨床現場で実感されるという循環によって、よりその知見が確からしいものとして蓄積されていくというものが多い。この状況を図示するならば、図5・1のようになる。職人技的知見とその報告文献がループをなして、その実践的な価値が高まっていくのである。このことは心理アセスメント技法の実践性が保証されていくために極めて重要なことであり、この実践知の積み重ねは心理臨床の財産ともいうべきものである。

しかし、この状況には問題が含まれていないわけではない。注意しておくべき問題としては3つのものが考えられる。一つは、このループが一つの「現実感」をもち、それ以上に詳細な追求が行われなくなってしまう可能性があることである。二つ目は、他のループが存在する可能性の追求が疎かになってしまう危険性があることである。三点目は、わかりにくい言い方になるが、この知見がループの届く範囲にしか届かなくなってしまうことである（図5・2）。

何度も繰り返し書いているように、心理アセスメント技法が生き

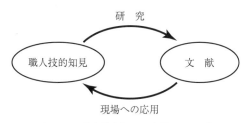

図 5・1　職人技的知見と文献のループ

5-3 心理アセスメント研究の目的

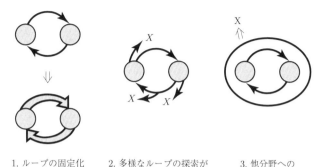

1. ループの固定化　2. 多様なループの探索が　3. 他分野への
　　　　　　　　　　　 行われなくなる　　　　　伝達困難

図 5·2　職人技的知見と文献のループに生じる問題点

物である以上，これ以上研究しなくて良いということは生じることはない。定評のある技法であればあるほど，臨床現場で安心して使われていれば使われているほど，上の三つの危険性は高まっていく。一つ目の危険性は，定評のある技法の使い方でもその中により細かいバリエーションがあり得るということを見落としてしまう危険性と言い換えることもできる。二つ目は，同じ技法についてこれまでと全く異なるアプローチを用いての検証や修正を試みられる可能性があるのに，それを捨ててしまう危険性ということである。三つ目は，心理職の中では通用するが，その外側の人，つまり医療職，医療補助職，福祉職，教育職などの近接領域の職種にはその方法のことが説明できなくなってしまうという危険性である。定説，定評があるものとして，当然のようにそこにある技法という認識になると，それを共有していない人に何をしているのかを説明するときに言葉にすることができなくなってしまう。人は自分にとって当たり前のことを説明することはむしろ非常に難しいのであって，そうならな

いためにはそれぞれの技法を「自分にとっても当たり前ではない」という状態に常に置き続けなければならない。定説としての説明ループが強くなりすぎると，それ自体の存在感が増しすぎて，「当たり前でない」という状態をキープすることがどんどん難しくなってしまうのである。これらの危険性を回避するためには，すでに定説に近い状態になっているものも検討の対象にする必要がある。

以上のことを描画法の「枠づけ法」を例にとって説明する。枠づけ法というのは，描画法を行う際に，治療者である見守り手自身が画用紙にペンなどで枠を描いてから描き手であるクライエントや患者に用紙を手渡し，その上で何らかの内容(木，風景，人物，なぐり描きなど)を描いてもらうという方法である(中井，1973)。この枠づけは，中井(1973)によって「描きやすくするという効果と，描画を強いるという効果の二面性がある」と言われている。多くの研究がこれを引用し，また，筆者自身の臨床経験とも合致し，経験則として多くの入門書にもそのように記載されている。また，これについては検証の研究も行われている(森谷，1983)。しかし，このことについて検証が行われている研究の数が少なく，例えばどのような条件のときに「守る」作用が「強いる」作用よりも強くなるのか，といったような条件を詳細化する研究も行われていないし，追試が積み上げられているという状況でもない。それにもかかわらず，枠付けのこのような効果は入門書に事実であるかのように書かれている。念のために強調するが，ここでは枠付けの「守る」「強いる」という二面性があることを疑うということを主張したいのではなく，その二面性についての検証が十分でないままに過剰な信頼が置かれているのではないかということを指摘したいのである。

このように，経験的には定評のある研究，一見その結論が当たり

前に見えるような対象についての知見を積み重ねる研究も研究の一種として意識しておく必要がある。

(6) 実践的な報告からの検討

ここにカテゴライズしたいのは、いわゆる事例研究で心理アセスメント技法について言及しているものである。臨床事例の検討の中には心理アセスメント技法を用いたものが多くあり、これも心理アセスメント技法の研究として考えることができる。これは実践された事例の中で用いられた技法の記載であるために、よい事例提示であれば前後の状況を含めての技法の理解に繋げることができる。これは先に指摘した、状況に埋め込まれたものとして心理アセスメント技法の研究となり、そこで得られた知見は有用である。反面、佐々木(2005)が指摘する通り、その研究は心理アセスメント技法自体を研究の目的としていないために、研究方法の工夫や対象とする技法、施行状況を選ぶことはできない。純粋に心理アセスメント技法の研究ということを考えるならば、この種の研究は、得られた知見を発表されてから研究者自身または他の研究者によって事後的に整理されることで、また複数の研究が統合されることで、研究として成立するということが言えるだろう。なお、心理臨床の研究の中にはタイトルに「○○における××法の研究」とついていて、一見心理アセスメント技法の研究のように見えながら、実際は事例の検討がテーマである研究が少なくない。このような誤解を招くタイトル付けには注意する必要があるだろう。

(7) 文献研究

研究の「目的」の最後に挙げるのは、心理アセスメント技法につ

いての文献そのものをテーマとした研究，つまり文献研究である。展望論文，レビュー論文などとも呼ばれるこの種の研究は，それが適切にまとめられていれば，同じ技法を研究する他の研究者にとっては極めて有用なものとなる。この種の研究で重要なのは「範囲の明示」「網羅性」「文献整理の論理性」である。

「範囲の明示」は，その研究が何について研究した文献を対象としているのかを明らかにしておくことである。ある技法に関連する文献をすべて対象としているのか，それともその技法の一側面についての研究だけを対象にしているのか，または，複数の技法にまたがるある事象に関する文献を対象にしているのか，ということである。この点を明瞭にしていないと，ある文献がそこで言及されていない場合，それが対象からはずれているからなのか，それとも網羅に失敗しているのか判断をつけることができない。

次の「網羅性」というのは，上記のように明示された範囲にカテゴライズされる研究がすべて記載されているかどうかである。これはインターネットによる文献検索が極めて容易になっている現在では，とくに困難はないように感じられるかもしれない。しかし，論文検索サイトでヒットした文献のどれを取りあげ，どれを取りあげないかを決定するのは実は容易なことではない。対象を学術誌に限るのか否か，学術誌に限るのであればその中で査読のある雑誌のみを対象とするのか否か，学会の抄録が文献としてヒットしてそこにデータが記載されていた場合はそれを含めるのか否かなど，執筆者の判断が必要である。また学術誌に載っている場合でも，総説を含めるのか否か，コラム的なものはどうするのか，原則的に査読を経ていない単行本の扱いはどうするか，心理アセスメント一般の入門書の中に重要と思われる記載が含まれている場合はどうするのかな

ど，どちらを選択することにも一定の根拠がある場合，判断が困難になってくる。

　最後に「文献整理の論理性」は，上記のように網羅した文献を，どのような観点か，どのような論理によって分類，整理しているか，ということを意味している。対象範囲を明確にして網羅的に文献を集めたとしても，個々の文献を全体の文献にどのように位置づけるのか，あるいは位置づけのための構造をどのように立てるのかという観点と論理性がなければ，いくら多くの文献を集めたとしてもそれは「よくできた索引」であるに過ぎない。先行研究を構造的に見渡すこと無しには文献研究は成立しないのである。

5-4 心理アセスメント技法の研究のための分類

　心理アセスメント技法には多種類の技法があるが，それらを全体として概観するために，全体を分類する視点を持ち込むことで，個々のアセスメント技法の位置づけが明らかとなり，他の技法との関係の中でそれぞれの技法の性質を考えることができるようになる。そうすることで，臨床現場での技法選択はもちろん，研究を行う上でもどのように位置づけられているかによって必要な研究方法を考える手がかりとなると考えられる。

(1) 心理アセスメント技法の目的による分類

　まず一つ目の観点は，その技法を何を知るために行うのかによって分類し，その中でより細分化した分類を行う。まず大分類として，雑駁にいってその被検者が「何がどこまでできるのか」という能力

を知るためのものと,被検者が「どんな人なのか,どういう状態なのか」という(パーソナリティを含めた)性質を知るためのものとに分けることができる。ここでは前者を「能力系」,後者を「性質系」と名付けて話を進めていこう。

a. 能力系の心理アセスメント技法

この分類には,いわゆる知能検査,発達検査,認知症検査などが含まれる。この種のアセスメントでは,検査者から被検者に「問題」が与えられ,基本的にはそれに「正答」できるかどうかを確かめる。いわゆる「テスト」という語感に近いものがこの種の技法である。これらの検査の具体的な内容は他章に譲るが,ここで測られようとしているものは,検査者の知能観による知能,発達観による発達,あるいは認知症観による認知症の度合いである。例えばウェクスラー式の知能検査を行うとき,検査者はウェクスラー式検査によって測られる知能,すなわち,知能には様々な因子があり,それぞれが原則的には相関しないという知能観を(少なくとも検査の施行の最中は)持っていることになる。長谷川式簡易評価スケールを用いる検査者は,最終的に一つの点数が結果として得られるため,一本の軸上に整列可能な被検者の能力を想定していることになる。このように,能力系の検査は結果が数値として表されるものが多い。

これらの能力系の検査を位置づけるのには,適用年齢が一つの有力な軸となる。

発達検査と名のつくものは,ごく大雑把に言って「大人になる手前」の,年齢とともに能力が獲得されていくことが想定されている年齢に用いられると言える。また,知能検査は,ビネー式のものは生活年齢と精神年齢の比で知能指数を算出する以上,実質的に発達検査と同様の適用年齢を持っていると考えられる。同じ知能検査で

も,ウェクスラー式のものは同年齢帯の中での相対的な位置によって知能指数が決められるものであるから,適用年齢はどのような年齢帯が標準化されているかによって決まってくる。成人向けのもの(WAIS)はバージョンによるが,2014年現在日本語化されている最新のもので第三版(WAIS-III)は16歳～89歳までの年齢を13に区分し,その中でそれぞれが標準化されて知能指数が決定される。児童向けのもの(WISC-IV)は5歳～16歳が4カ月ごとに48の年齢帯に区分されて標準化されている。認知症検査については,その対象は必ずしも高齢者とは限らないものの,逆からみれば高齢者が病院受診をした場合にまず行われるものが認知症検査であることから,「主に高齢者」が対象といって差し支えないであろう。この場合は,必ずしも年齢の影響を前提としていないが,何らかの要因に伴い時間の進行とともに能力が減衰していく,という能力観に基づいている。これは発達という,時間の進行とともに能力が獲得されていくというものの裏返しにはなっていくが,当然のことながらこの減衰は能力の獲得の逆過程ではない(仮想的に逆過程であると考えるなら,発達検査の逆バージョンが減衰過程にも使えるはずであるが,実際にはそうではない)。この種の検査は,先に挙げた長谷川式簡易評価スケールやMMSE,CDTなどの簡易なものから,リバーミード行動記憶検査やWMS-Rのような複雑な検査まで,様々なものが用いられている。

このように,能力系のアセスメントは,何らかの意味で時間の経過を軸として考えると全体像が捉えやすい。

b. 性質系のアセスメント技法

「性質系」というのはいかにも大雑把な呼び方だが,被検者の能力以外の側面を広範囲にカバーして総称しようとするとこのような命

名のしかたをせざるを得ない。繰り返しになるが，ここに分類されるのは被検者が「どんな人なのか」(ある程度固定的な性質)，「どんな状態なのか」(変動することが想定される性質)をアセスメントする技法である。

この広い範囲に入るものをさらに下位分類していく。ここで分類のキーになるのは，「被検者が何を与えられるのか」と「被検者が何で答えるのか」という二つの観点である。いわば入口から何が入り，出口から何が出てくるのかという観点とも言えるが，「入力」「出力」という，人間をコンピュータに例えるような観点は心理アセスメントを行うにあたって無益どころが有害でさえあるので，この用語はここでは用いないことにする。

ここで，図5・3のように，与えられるものを「言葉」と「イメージ」に分類し，さらに後者の「イメージ」を「抽象イメージ」と「具象イメージ」で分類する。ここでいう「イメージ」は印刷されたり描かれたりした何らかの図のことを指している。また，答えるものを「数値」と「言葉」と「イメージ」に分類する。ここでのイメージは具象イメージのみである。これらを組み合わせて心理アセスメ

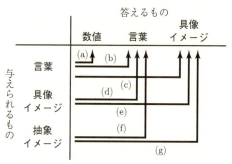

図5・3　心理アセスメントにおける与えられるものと答えるもの

ント技法を次の8つに分類していく。

①「言葉」を与えられ,「数値」で答えるもの

この型のアセスメント技法では,言葉によって質問が与えられ,被検者が数値によってそれに応えていく。これには多くの質問紙の技法が含まれる。MMPIやYG, TEGなど,与えられた質問について「あてはまる」「あてはまらない」のような二択で答えるものも数値化と見なすと,ほぼすべての質問紙法のアセスメント技法が当てはまるといえる。これは,言葉によって与えられたものを数値という選択の幅の狭いものに落とし込んでいく落とし方で被検者の性質を読み取るものである。得られるものが数値という明瞭なものであるために,一見その心理的意味も明瞭であるように見える。しかし,その数値は加算が可能,つまり間隔尺度以上であるという「見なし」をかけている上に,質問紙に答えたその内容は実際には「被検者本人がそうであると思っているもの」であるにも関わらず,「被検者本人がそうであるもの」そのものであるというすり替えが解釈の過程のどこかで行われてしまうことも多い。「言葉」を「数値」に変換して明瞭化する方法ということは言えるが,このようにその明瞭化の過程は注意して扱わないと,被検者の性質と見なされるものが過度に明瞭にされてしまう危険性も孕んでいる技法である。

②「言葉」を与えられ,「言葉」で答えるもの

このタイプには代表的なものが二つ考えられる。まず一つ目は文章完成法(SCT)で,未完成の文章を与えられ,その文章を完成させる言葉を答えるものである。この技法は,与えられるものと答えるものが同レベルにあるために,表面的な解釈はしやすい,つまり,答えられた内容が事実だと思い込むと解釈はしやすくなるが,言葉がどのような過程を経て言葉として返されていくのかというプロセ

スを考察することは非常に難しい。そのためか，SCTには構造化されていたり精密に規格化された解釈法は今のところほとんど存在しない。

　もう一つの代表的なものは，言語連想法である。これは単語に対して連想する単語を返すということを100単語分繰り返し，さらに同じ単語セットで同じ連想語を答えることを求められる。この技法も，単語を与えられて単語で答えるというふうに同レベルのもののやりとりになるが，SCTとは異なりここで注目するのが連想された語の内容ではなく，連想にかかる時間であるということにある。連想にかかる時間が長い単語や，繰り返して同じ連想をすることに失敗した単語を集め，その内容から被検者の心的な性質を推測していく。これは後述のロールシャッハ・テストにも影響を与えているように，単純に答えた内容を重視したのではなく，反応時間という別の観点を持ち込んで注目すべき内容を絞り込んでいるところにこの技法の方法的な特徴がある。

　言葉を与えられて言葉で答える技法は，与えられる刺激に被検者の中から言葉を浮かび上がらせるしかけを含んでいる。SCTではそれは一部が欠落した未完成の文であり，言語連想法では検査者が単語を発したあとに被検者が答えるまで待つ時間である。どちらの方法も，与えられるものと答えるものが同レベルのものであるから一見単純な質疑応答に見えるが，言葉を与えられたときに浮かんでくる何らかのイメージを再び言葉に置き換え直すという作業が被検者の中で起きていると考えると，被検者自身が意識していなくとも，他の方法よりも複雑な行程を経て回答がなされているという可能性が考えられる。このタイプの技法について考えるならば，単純に回答の内容に注目するのではなく，その途中に起きている過程につい

て考えることが重要となってくる。

③「言葉」を与えられ,「具象イメージ」で答えるもの

この型のアセスメント技法としてあげられるのは,各種の描画法である。佐々木(2012)は数多くある描画法をその構造から分類しているが,その中でも,あるものを描くことだけを教示されて被検者が教示されたものを描くという「単純教示描画」が特にこのカテゴリーに当てはまる。この技法では何か具体的なものを描くという課題を与えられ,それに対して絵という(概ね)具象的なイメージで答えていく。言葉というきっかけを元に絵というイメージを被検者が展開し,そのイメージの展開のさせ方で被検者の性質についての推測を得ようとする技法である。この方法は,「言葉」を「数値」にする技法と対照的に,与えられたものからより明瞭でないものへの変換を行うことによって性質を推測しようという方法であるので,被検者についてより豊富な内容が得られるということと,その解釈が難しくなるという二つの特徴がある。この二つは表裏一体のもので,技法を選択するときには解釈は明瞭だが単純な情報しか得られないものと,豊富なものが得られるが解釈が不明瞭なもののどちらかを選ばなければならない。

また,単純教示描画以外にも,風景構成法のように,個々の描くものとそれらを全体としてまとめるという二重教示性(佐々木,2013)を持ったものもあり,得られるものはより多く,複雑になっていく。しかし,言語連想法が反応時間という要素を導入することで,SCTよりも解釈の手続きがより確かなものになっているように,単純な教示で描くものよりも二重教示性があるものの方が解釈をする手がかりは多く与えられる。逆に言えば,バウムテストのようにシンプルな教示のものの方が解釈が不明瞭な過程をとらざるを

得なくなる。

④「具象イメージ」を与えられ,「言葉」で答えるもの

①から③までは「言葉」を与えられるものを扱ってきたが,ここでは「具象イメージ」が与えられるものになる。ここで「具象イメージ」を与えられるものの例として TAT (thematic apperception test)が挙げられる。TAT は,物語の一場面のような具体的な状況を描いた絵が与えられ,それに対して物語を作るという形で言葉にして答えるという方法である。これは「具象イメージ」から「言葉」へと変換する技法の逆過程と考えられるが,単純な逆過程ではない。一枚の絵という,時間性がなく平面的な広がりがあって多くの要素が同時に与えられるものを,(言葉による)物語という時間的に展開するものに変換することを課題としていて,それをどのようにこなしていくかで被検者の性質を推測しようとしているものである。もしこの方法が,ある場面を単語で表すように求めたものであったとしたら,与えられたものよりも答えるものが単純なものになり,質問紙のようにより解釈しやすいが得られる内容も単純,というものになっただろう。しかし,答えるものが「物語」という時間性を含んだものになっているために,この技法はある複雑なもの(平面的な広がり)を別の意味で複雑なもの(直線的な連鎖)へと置き換えるという課題になっていて,得られるものは豊富だが解釈の難しい技法となっている。

⑤「抽象イメージ」を与えられ,「言葉」で答えるもの

次に,抽象イメージを与えられて,言葉で答えるものを採り上げる。この型のもので一番重要なのは,ロールシャッハ・テストであろう。インクを垂らして偶然にできたと称される,抽象的な図形から被検者が連想するものを言語化して検査者に答えるものである。

具象イメージから言葉に変換するものよりも、与えられるものの抽象度が上がっていて、外から与えられるものに被検者自身が付与するものの影響が大きくなっている。また、具象イメージが与えられて言葉で答えるもの（④）の方は意味から意味への「変換」という色合いが強いが、与えられるものが抽象イメージの場合はむしろ、意味の「生成」という性質が強くなる。そのために、単に何を意味として見出したのかだけではなく、それ自体は意味づけされていないイメージのどこを切り取ったのか、どのような要因が意味を生成させたのかという形式的な側面についての情報からのアセスメントが可能となっている。与えられたものと答えるものの抽象度の差が大きく、被検者によって行われる具象化の幅が広いために、より豊かな情報が得られるが、得られたものの構造化にはより多くの手順が含まれ、解釈が複雑になる。

⑥「抽象イメージ」を与えられ、「具象イメージ」で答えるもの

抽象イメージを与えられて、言葉ではなく具象イメージを返すものとしては、各種のなぐり描き法が挙げられる。なぐり描き、すなわちあらかじめ意味の想定されない描線が与えられ、それを元にして何らかの具象的な絵を完成させるという手順をとる。ただし、具象的な絵を完成させた後にそれについて言語化することも多く、単純に具象イメージだけを返すとは必ずしも言えない。しかし、この方法の肝要なところは、意味づけられていない図形に対して意味づけを図形で返すところにあり、同じ図形という平面上で行われるところと、意味づけられていない図形から単に描線の取捨選択を行うのではなく、被検者自身が付加を行い得るということであろう。なお、この方法は心理アセスメントとして用いられるというよりは心理療法の一環として用いられ、それが結果としてアセスメントとし

て機能し得るという性質のものであって、厳密な意味で心理アセスメントの技法であるかどうかは議論が分かれるところであろう。

⑦「言葉」と「具象イメージ」を複合的に与えられ,「言葉」で答えるもの

ここにカテゴライズされるものとしては、P-Fスタディが挙げられる。P-Fスタディは簡略化された描画で対人場面が描かれ、その中に吹き出しの形で片方の人の発言が言語として与えられる。被検者はその具象イメージとしての対人場面と言葉としての発言をもとに、それに対する返答を言葉として答えるというのがこの方法の形式である。これは「具象イメージを言葉にするもの」と類似していて、言葉にするストーリーの前半部分がすでに言葉として与えられているものだと考えることができる。そのために、④のものよりも被検者の可能な回答の幅がより狭くなっている。このことは、調べられる範囲が検査をする側である程度指定できるという面と、回答する側の心理について答えられる幅が狭まってしまっているという面の二つの側面があると考えられる。P-FスタディはTATのようにストーリーを展開することはできないが、その自由度の低さゆえに、ある程度の数量化が可能であるということが利点ともなっている。

⑧上記のような過程が連鎖するもの

①〜⑦まで、様々な性質系の心理アセスメント技法について「与えられるもの」と「答えるもの」についての組み合わせを論じてきた。それぞれが「数値」「言葉」「具象イメージ」「抽象イメージ」の組み合わせによって整理分類することができた。しかし、技法によっては単純に何かが被検者に与えられ、被検者から何かの答えが得られるというプロセスをたどるだけではないものもある。何かが与えられてそれについて何かしらの答えを行ったときに、それがその

次のステップの「与えられるもの」の一部として機能するというように，手順が多段階にわたって連続するアセスメント技法も存在している。その例として挙げられるのが，佐々木（2012）で「複合教示描画」として論じている描画法の一分類である。ここでは風景構成法をその一例として挙げる。風景構成法は，先に③の「言葉を与えられて具象イメージで答えるもの」の例として挙げられている「単純教示描画」とは異なり，あるものを描くという課題を与えてそれに答えて何かを描くという単段階のものではなく，まず始めに全体の枠組み（「順番に10個のものの名前をいうこと」「最終的に一つの風景にしてほしいこと」など）を告げて施行者が画用紙に枠を描いた上で，一つずつ描くもの（「川」「山」など）を伝えていくという多段階の手順をとる。そうすることによって，被検者である描き手にはまず「言葉」と「抽象イメージ」である枠が与えられ，それを「具象イメージ」で描いた後，その自身で描いたものと言葉による次のアイテム名が与えられてさらに次の具象イメージで答える，というように，複合的な連鎖が起こる。この連鎖があることで，課題も答えも複数機会行われ，多側面からのアセスメントが可能となる。

(2) アセスメントの目的に応じた研究法の選択

本節ではアセスメントの性質について，能力系と性質系に分類した上で，個別の方法をそれぞれ構造化した形で示した。心理アセスメント技法の研究を行おうとするときには，心理アセスメント技法全体の構造を見渡すことでそれぞれの技法の性質を理解し，その上で前節に列挙したような研究の「目的」を選択していくことが，技法の開発者の意図や施行法のマニュアルからではなく心理アセスメント技法そのものから研究を立ち上げていくために有効にはたらく

と考えられる。また，心理アセスメント技法を「享受するもの」ではなく「それぞれが参加しつつ作り上げていくもの」であるということを認識するためにも，それぞれの技法と研究法が結果的にどのような位置づけにあるのかということを考えることは有効であると考えられる。

5-5 研究の具体例：風景構成法の研究

(1) 筆者らが行った研究の例

ここでは，具体的に心理アセスメント法について筆者らが行った研究について述べていくことにする。先にも述べたが，筆者は描画法の一つである風景構成法を対象に研究を行っている。この技法の内容については他書に譲るが，特徴として，心理アセスメント技法としての側面と，心理療法としての側面を併せ持っているということが挙げられる。この二つは不可分であるため心理アセスメントの技法の側面だけに研究を絞るわけにはいかないが，解説書まで出ている技法がすでに完成されたものであるという先入観を払拭するためにも，研究の具体例を挙げておく。

(2) 風景構成法の付加物の研究

まず一つ目は風景構成法の付加物の研究である。風景構成法では，描き手は描画のプロセスの中で10の「アイテム」と呼ばれる課題を描いていくが，それらを描き終わった後，「描き足したいもの」「描き足りないもの」を描く段階がやってくる。この段階では，そ

5-5 研究の具体例：風景構成法の研究

れまでは見守り手と呼ばれる施行者が何を描くかについて指定をしてきたが，ここで初めて何を描くかを決める主導権が描き手の側に移る（那須，2009）。この段階では，主導権を渡された描き手が何をどのように描くかについては，それを主題とする研究は長らく行われてはこず，ようやく上記の那須（2009）が質的研究を行ったという状況であった。佐々木（2012）では，この付加物について，まずは単純に「どのようなものがその段階で描かれるのか」について検討を行った。ここで一つ問題になるのは，付加物の段階で，それよりも前にアイテムとして言われたものを描き加えるということも少なくないということである。つまり，完成された絵を見ただけでは，どれが付加物の段階で描かれたのかがわからないという問題があった。そこで，この研究では，調査場面として風景構成法を設定し，描画場面を映像記録に収め，そのデータを用いることで付加物の教示があった後に描かれたものを収集することができた。この結果によると，付加物の段階で，アイテム以外に新たに描かれるものは半数以下であり，半数以上はそれまでにアイテムとして提示されたものを補足したり，あるいは追加したりということが行われていることがわかった。また，この段階で何が高頻度に描かれ，何が低頻度で描かれるかについても知見を得ることができた。

　また，詳細はもとの論文を参照してほしいが，この付加段階の検討を行うことで，風景構成法に付加段階というものがある意味について考察を行うことができた。風景構成法はこの付加段階を挟んで，線描（構成）段階と，彩色段階という性質の大きく異なった段階が施行される。ここで得られた考察とは，風景構成法の施行の中で，前後の二つの段階を無理なく繋ぎ風景構成法という描画法の描画世界にいわば膨らみと安定感をもたらすという役割を担っている可能

性が示唆された。

　このことは,「風景構成法には付加段階というものがあるのだからやって当然, あたりまえ」と考えているだけでは得られない知見であり, またこの知見が実際に臨床場面で風景構成法を行うときに付加段階への注意の払い方への示唆も行うことができている。このように, 施行の手順の中に含まれている一部の段階に焦点を当てて研究を行っていくことで, 風景構成法が決まり切った固定された技法ではなくて, その読み方, 見方をさらに深めていくこのできる生きた技法であることが言える。

　また, 佐々木(2012)で得られた結論については, 筆者はさらに同じ見守り手で異なった時期に行った風景構成法の描画から得られたデータや, 異なった見守り手が施行した際のデータからさらに検討を積み重ねている。描画法の研究は, 一度ある種の結論が出てしまうと, その方法論の是非やデータの偏りなどは不問にされて, 先行研究として通用してしまう傾向が多く見られる。先に挙げたように, 追試であったり, 条件を一部だけ変更した研究は行われなくなってしまうことが多い。しかし, 特に描画や心理アセスメントのプロセスを見るような手間のかかる研究は一時に多くの被検者からデータをとることが難しいことが多く, ある種のデータの偏りは必然的に生じてしまうことはなかなか避けられない。このことを扱っていくには, 上記のような類似の研究を積み重ねていくしか方法がなく, 今後このような研究がより多く行われることが望ましい。

(3) 風景構成法から読み取り得るもの

　次の研究は, 風景構成法の読み取りに関するものである(佐々木, 2007, 2012)。風景構成法は, 描かれた絵をどう読み取るかという

5-5 研究の具体例：風景構成法の研究

ことについては唯一固定された方法があるわけではない。読み取りの手がかりとして，各アイテムから読み取れる可能性のある内容については概説書などで示されているが，それもデータに基づいて実証的にそのような内容が示されているわけではない。臨床的な経験の蓄積からもたらされる経験知は，この種の技法や心理アセスメント全般，さらには心理療法そのものについて，軽視されるべきものではもちろんない。しかし，経験的な知に頼ってばかりいると，伝達範囲や応用範囲が狭まり，また内容そのものの発展可能性が時間が経つごとに小さくなってしまうというのもまた事実である。風景構成法に限定して論じるとしても，どのような読み取りが可能であるかについて，できる限り根拠を示しての議論は必要だろう。創案者である中井久夫も，風景構成法の読み取りは複数回の中の変化に着目すべきであることや，どのような文脈でそれが行われたかという背景情報抜きに読み取りを行うことには警鐘を鳴らしている(中井, 1992)。

さて，ここで採り上げる風景構成法の読み取り研究については，風景構成法を調査場面で同一描画者に複数回(約2週間間隔で6回)施行し，描画の変化と一貫性を読み取ることと，描画プロセス，インタビューからの日常の様子などの背景情報を加味して風景構成法から何が読み取れるかについて論じているというものである。ここから得られる結論を先取りしてしまうと，「風景構成法の描画から何が読み取れるかは，その描き手によって異なっている」ということである。言い換えると，「風景構成法に何が顕れるかということそのものが描き手の個性である」という可能性の示唆ということになる。これは一見，何でもありというか，一般論すぎて何も言っていないように見えるかもしれない。しかし，上記のような背景情

報を丹念に拾い上げつつ，丁寧に分析をしていくと，描き手のその段階での心理的なテーマとも言えるような内容が顕れているとデータから推測できるような描き手もいれば，単に見守り手との呼吸が合わなかったということそのものが顕れていると考えられる描き手，また，描いた時の気分が反映していると考えられる描き手など様々な内容が顕れているように推測できる。このように考えると，そもそも「風景構成法からはこれこれのことが読み取れる」という，一定の内容があるということを想定することそのものが実際からは離れた素朴すぎる問題設定であるように感じられてくる。

　ここで採り上げた研究では，詳細にいうと，描かれた描画そのもの，描画プロセスを記録した映像，描画にかかった時間，描画後の話しあい段階の言語的なやりとりの記録，連続施行の前回の施行からの日常生活についてのインタビューなど多種多様なデータを用いて，分析を行っている。このように多種類のデータを解釈していくときには，一種類の「読み取れるもの」を想定するだけでは解釈が難しく，多層的な風景構成法の読み取りの可能性という構造を想定することで初めて解釈が可能になったという側面がある。ここから考えられるのは，例えば臨床心理学の大学生や大学院生が心理アセスメントの実習のレポートを書こうとするときに逢着する「風景構成法からは何を読み取れるのか」という問いそのものが単純すぎるという問題が浮かび上がってくる。

　このように，一つの心理アセスメント技法について，多種類のデータを扱い，その背景や文脈を含めて検討することでようやく一つの心理アセスメント技法についての理解が進むということがあると考えられる。

(4) 風景構成法における関係性

次に,「関係性」という面からの研究を紹介しておこう。

心理アセスメントは,一見するとその結果に反映するものは被検者の能力や性質だけであるということが前提になっているように見える。しかし,実際は,被検者自身の能力や性質だけではなく,施行者のありようもアセスメントの結果に反映してくる。最もわかりやすい例は,「能力系のアセスメントを手際の悪い施行者が行うと結果的に評価が低くなる」ということである。原則的に能力系のアセスメントで数値として得られるのは下限の値である(様々な要因から,実際よりも低い値がでることは大いにあり得るが,実際より高い値というのは余程の偶然が重ならないと起こり得ない)。ここで現れた値は,被検者の(検査で測られる)能力と検査者の(検査を実施する)能力の両方の関数である。これは性質系のアセスメント法でも言えることで,検査者の手際が悪かったり,導入が不自然だったり,検査者が与える印象が悪かったりすれば,それが結果として得られるものに反映されたとしても何の不思議もない。また,逆に,検査者が適切にその検査を施行したときには,そのように施行しなければ検査結果上に顕れなかったものが顕れてくるかもしれない。

心理アセスメント研究を行う際には,このような点に着目するという方法も選択し得る。つまり,研究の対象範囲を「アセスメント技法＋被検者」と設定するのではなく「アセスメント技法＋被検者＋検査者」とすることもできるのである。

このような検査者込みの研究を風景構成法研究で行った例を提示する。長岡ら(2013)では,風景構成法の調査場面において,検査者(見守り手)による施行場面の主観的評価と,被検者(描き手)との動

作との関連を検討している。ここでいう「検査者の主観的評価」とは，施行場面においてどの程度被検者である描き手と心理的なやりとりが生じたかを検査者自身が感じ取ったかどうかという観点と，被検者の中で何らかのイメージが生き生きと賦活されたかどうかについて検査者がどう感じたかという二つの観点から成っている。また「描き手の動作」とは，風景構成法で描く10のアイテムをそれぞれ描き終わってから次のアイテムを描くまでの間にどのような身体の動きや発話などが生じたかということを意味している。検査者の主観的評価によって描画場面を分類したとき，描画過程が進んだときの被検者の動作の変遷には一定のパターンがあることが見出された。ここでは検査者の主観的評価で，描き手との心理的なやりとりが生じ，描き手の中でイメージが活き活きと動いたと感じられた描画場面では，描き手の動作が川から石へというプロセスを進むごとに徐々に一定していっているという傾向が見られた。逆に，心理的なやりとりが行われず，描き手の中でのイメージも充分には賦活されていないと見守り手によって主観的に判断された群では，動作に関しては一定の傾向が見られなかった。このことから，風景構成法が十分に機能した場合は，検査者から順になされる教示に対して，被検者の方が動作を一定に収束させていくことによって，検査者と被検者の間にやりとりに関するリズムが作られ，そのことでよりいっそうイメージが賦活していく可能性が示唆された。

　この研究では，完成された描画そのものや描かれていく描画を撮影した映像，両者の言語的やりとりの音声などに加えて，描き手や見守り手の動きを捉えるための映像も分析の対象に加えている。これは，上に記述したように，研究の対象範囲を「アセスメント技法＋被検者＋検査者」と設定し，検査者との相互作用も分析の対象に加

えているからである。相互作用の分析は必然的に映像を用いることになり，そのデータ分析は難しいものになる。しかし，どのような心理アセスメントの研究も，相互作用を対象に加えないと，そこで生じている現象のすべてを被検者に帰してしまうことになり，検査者のあり方については意識されぬままに不問とされてしまう。心理アセスメントは単なる手順(マニュアル)と道具の集積ではなく，それらを用いた対人相互作用の場そのものであると考えるならば，その研究もまた相互作用を含めた研究でなければならないだろう。相互作用の研究を行うために検査者を研究の対象に含めると，多くの場合検査者は研究者も兼ねるであろうから，検査者が検査者自身を研究するという再帰的な枠組みでの研究が要求される。これを実現するには，何らかの方法上の工夫が必要である。この工夫をどのように行い得るかが，また心理アセスメントの研究の質を決定づけて行くことになると考えられる。

5-6 研究によって得られるもの

ここまで様々な観点から心理アセスメントとその研究について論じてきたが，ここではその研究を行うことで得られるものについて言及しておこう。

最も中心的なのは，当然のことながら心理アセスメント技法について研究を行うことで何らかの知見が得られることである。ある技法について，これまで知られていなかったことがわかったり，これまで知られていたことについて補強を行ったり，これまで当然と思われていたことについての異論を得たりといったように，心理アセ

スメントについての知見の集積に一つの石積みを加えることができる。そして，それが公刊されることで，心理アセスメントの研究者や使用者とこの知見を共有することができ，今後，自身や他の研究者が行うであろう研究の一つの基礎とすることができる。これがもっとも基礎的な「得られること」だろう。

次に，その技法の専門家としての業績が得られることを挙げる。ただし，これは単に研究者本人の業績となって本人が得をするということだけではなくて，ある技法の研究が蓄積される流れの中に身を置くことができ，その技法についての幾許かの責任が生じるということでもある。いわばその対象となった技法について，その研究者は「他人」ではなくなり，その技法を構築するメンバーの一員となるということである。

そして最後に挙げるのは，心理アセスメントを用いるものとしては最も重要なことなのだが，心理アセスメント技法の消費者ではなく当事者になれるということである。これは，現場で心理アセスメントを用いるときには最も重要なこととなる。アセスメントの消費者であるとは，既存の技法を絶対視し，それを単に使わせていただくという態度で技法に接し，得られた結果や解釈を固定的なものとして捉えてしまうことである。消費者であるから，その技法の限界にも問題にも考えが及ばず，その技法で得られたものを動かし難いものとして享受してしまう。このような態度で心理アセスメント技法を用いてはいけないということはどの教科書にも書いてあることで，そのような態度がいいかどうかと問えば，100%「それではいけない」という答えが臨床家からは帰ってくるだろう。しかし，現場でその技法を用いるときには，経験を積めば積むほどに知らず知らずのうちに「ベテランの消費者」へと近づいていく。このこと自体

は自然なことであり，特殊な現象ではない。どのような技術も，経験の蓄積と「慣れ」によって，使う人にとって当たり前のものになっていくことは何ら不思議なことではない。しかし，こと心理アセスメント技法の使用に関する限り，この現象は極めて危険な現象でもある。技法と被検者と検査者がいるのが心理アセスメントの場であるが，消費者として心理アセスメント技法と向かい合うと，アセスメントの場で生じる現象の要因を全て被検者に帰してしまうことになる。

心理アセスメント技法の研究を行うことは，このような「技法の絶対視」を避けるのに有効な手段である。アセスメント技法の有効性を認めつつも，それは常に批判的検討可能性や改良可能性に開かれているということを常に意識しながらアセスメントを行うことは，アセスメント技法を用いる検査者自身がこの技法の当事者だと意識することでもある。逆に，研究の対象と考えない限り，いくら意識していても我々はその技法の消費者としての意識を持つ傾向にあることはある意味自然なことでもある。

心理アセスメント技法，つまり狭義の心理アセスメントは，研究という枠組みの中に置くことで，それを動的なものとして捉えることができる。そのように捉えることで，狭義の心理アセスメントは広義の心理アセスメント(臨床現場での観察や背景情報の活用を含むアセスメント)の中に動的なものとして位置づけることによって，より柔軟で実践的なアセスメントを行うことができるようになると考えられる。

研究することによって得られるものは，その技法そのものについての知見もさることながら，研究することによる臨床実践の場でのアセスメントがより有効に行えることと直結する。より多くの臨床

家が,心理アセスメントの研究を行うか,少なくとも研究的視点をもつことで,個々の臨床家の日々の臨床実践の質が向上していくことが期待できる。心理アセスメントの消費者から当事者になるために,研究活動への関心が今後より高まることを期待したい。

◀ま と め▶
❏ 心理アセスメントの研究には「心理アセスメントを使った研究」と「心理アセスメントについての研究」の二種類がある。
❏ 心理アセスメントの位置づけと研究の種別の位置づけを考えながら研究テーマを選択することが重要である。
❏ 心理アセスメントの技法は決して固定的なものではない。研究をすることで,心理アセスメントの消費者ではなく当事者になることができる。

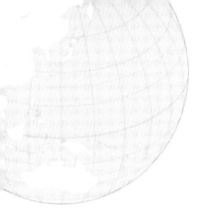

6章

治療的アセスメントの実践

こころの理解と支援をつなぐ

◀キーワード▶
治療的アセスメントの手続き,共感ルーペ,治療的アセスメントの研究,ロールシャッハ・フィードバック・セッション,子どもと家族のアセスメント,寓話,外在化

　アメリカでベストセラーとなった『スポック博士の育児書』(Spock, 1946)は,初めての赤ちゃんを迎える母親への「あなたが考える以上にあなたは知っていますよ(You know more than you think you do)」という語りかけから始まる。この語りかけは,心理的支援を必要とする私たちのクライエントにも適用できるのではないだろうか。心理アセスメントにより引き出された質的・数量的データが現実の生活でどのような意味を持ち,どのような行動につながっているのか,そしてどのようにすれば現在の問題を変化させることができるのか,今はまだ明確にならずとも実感として知っているのはクライエント本人であろう。

　1-1,1-2,4-4節で心理アセスメントは仮説生成と修正の営みであることを論じた。筆者は,この過程にはクライエントと査定者の

協働(collaboration)も含まれると考える。その協働のための具体的方法として挙げられるのが,本章で述べる「治療的アセスメント」と「ロールシャッハ・フィードバック・セッション」である。その概要と実際について,いくつか事例も提示しながら解説したい。

6-1 治療的アセスメントの概要

治療的アセスメント(therapeutic assessment)とは,テキサス州オースティンのフィン(Finn & Tonsager, 1997 / Finn, 2007)によって提唱された「クライエントが自分自身についてより深く理解し,抱えている根深い問題の解決を支援するために心理アセスメントを活用する」新しいパラダイムであり,その実践方法である。その源流は,現象学と人間性心理学の視点からアセスメントの相互作用を捉えなおしたフィッシャー(Fischer, 1985 / 1994)の**協働的アセスメント**(collaborative assessment)にあり,アセスメント結果のフィードバックなど一連の手続きをより**個別化**(individualized)し,意義深い体験にしようという発想に基づいている。

図6・1は心理アセスメントの形式について,フィン(2007)により概念化されたものである。次節でも触れるが,査定者がクライエントに関する情報を集め,記述するために心理検査を使うという伝統的(情報収集的; information gathering)アセスメントが従来のパラダイムであるとしたら,そこから更に発展させ,クライエントが自分自身や対人関係について新しい事柄を学ぶ機会として「広義の治療的アセスメント」を考えている。査定者とクライエントが共に知恵を出し合いながらアセスメント結果への理解を深める協働的な過

6-1 治療的アセスメントの概要

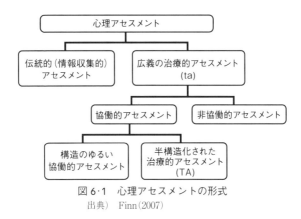

図6·1 心理アセスメントの形式
出典) Finn(2007)

程が重要であり，その具体的な手続きとして**半構造化された治療的アセスメント**(Therapeutic Assessment)が開発された。

図中の「ta」と「TA」は，上述したパラダイムとしての治療的アセスメントを示すにはアルファベットの小文字で「ta; therapeutic assessment」と，半構造化された治療的アセスメントの手続きを示すには大文字で「TA; Therapeutic Assessment」と表記する。また広義の治療的アセスメントではあるが「非協働的アセスメント」として位置づけられているのは，①クライエントへの直接的な介入はなされていないが，主治医への報告などを通して間接的に有効であった例，②双方向的というよりむしろ，査定者からの一方向性をもつ情報提供的フィードバックではあったが有効だった例，そして③真摯に理解しようとする査定者の態度そのものが，クライエントの変容を促した例などがあげられよう。経験を積んだ自己効力感をもつ査定者であれば，たとえ治療的アセスメントを知らなかったとしても，この種の体験をもっているのではないだろうか。

近年では，対象となるクライエントの発達段階に合わせた3種類

のモデルが提唱されている。①成人を対象とした TA, ②思春期を対象とした TA-A(Therapeutic Assessment with Adolescents), ③児童期を対象とした TA-C(Therapeutic Assessment with Children)である。TA-C は小学生まで, TA-A は中学生以降成人までという年齢による区別はあるがあくまでも目安であり, クライエントの心理的な発達に合わせ, あるいは知的能力の制約がある場合なども考慮して, どのモデルを適用するか選択がなされる。

例えば思春期のクライエントが, 保護者からの独立と依存の間で揺れ動くのは自然なことである。そのためアセスメントから得られた理解について, どのように親に伝えるのがいいか, 本人のプライバシーも尊重しながら丁寧に話し合う必要がある。余談ではあるが, それが上手くいった場合には, 本人向けに書かれたフィードバックの手紙が無造作に, 食卓など目に付きやすいところに置かれるという逆説的な行動も生じる。直接, 面と向かって言葉にするのは恥ずかしいが, 保護者に理解してほしいことが書かれていると感じられるからであろう。また 6-7 節でも紹介するが, 小学校低学年など児童本人へのフィードバックでは, 大人と同じ方法ではなく子どもに親しみのある方法, 例えば「本人のために書かれた寓話」を通して伝えるといった工夫もなされる。

6-2
情報収集的アセスメントと治療的アセスメント

フィンとトンセイジャー(1997)は, 「情報収集的アセスメントと治療的アセスメントのモデル」を表 6・1 のように対比している。「アセスメントのゴール」では, 前者が既存の基準や分類に沿って

表 6.1 情報収集的アセスメントと治療的アセスメントのモデル

様相	情報収集的アセスメント	治療的アセスメント
アセスメントのゴール	1. 既存の基準や分類に沿ってクライエントを正確に記述する 2. クライエントに関する決定の助けとなる 3. 専門家同士のコミュニケーションを円滑にする	1. クライエントが自分や他者について、新たな考え方や感じ方を学ぶ 2. クライエントが新たな理解を探求し、得られた理解を生活で生かせるように支援する
アセスメントの過程	1. データ収集 2. テストデータの演繹的で一方向的な解釈 3. 推奨	1. クライエントと共感的なつながりをつくる 2. クライエントが自分自身のアセスメントのゴールを決められるよう、協働的に取り組む 3. アセスメントの全てに関して、クライエントと情報を共有し、探求する
テスト観	1. クライエントの行動を標準化した標本。統計的な比較や、アセスメント状況以外での行動の予測を可能にする	1. 普段の問題への特徴的な対応の仕方を、クライエントと話し合う機会 2. クライエントの主観的な体験に、査定者が共感することを可能にする道具
注意の焦点	1. テストの数値 2. アセスメント終了後になされる決定	1. クライエントと査定者の間で生じる過程 2. クライエントの主観的な体験 3. 査定者の主観的な体験
査定者の役割	1. 客観的な観察者 2. 普通の人より若干スキルのある技術者	1. 関与しながらの観察者 2. テスト、人格、精神病理の知識が豊富。対人スキルを持つ。洗練された専門職
アセスメントの失敗	1. 偏り、あるいは他の要因により、不正確な情報が集められる 2. アセスメントの後に、間違った決定がなされる	1. 査定者からの尊敬、理解、傾聴をクライエントが感じられない 2. クライエントにとって新しい理解が得られない、またはアセスメントによる変化がもたらされない 3. アセスメントの後、クライエントが裏切られ、自分が無力なよりに感じる

出典）Finn & Tonsager（1997）/橋本訳（2005）

クライエントを正確に記述し，様々な決定の助けとなることを目的としているのに対し，後者はそこから更に発展させ，クライエントが自分や他者について新たな考え方や感じ方を学び，得られた理解を生活で活かせるように支援することまで含まれる。例えば，前者で「IQ は 108 で，プロフィールにばらつきは認められない」「MMPI では 27 コードで，慢性的な抑うつ感と疲労感を訴えている」と記述するならば，後者では「知能検査の結果は問題ないのに，クライエントはずっと自分が注意欠陥障害ではないかと疑ってきた。そのことには何か意味があるのだろうか？」「うつになるのも無理はない。『よい夫』『よい父親』『よい長男』であろうと努力してきた。そういった役割を離れたこの人自身はどこにいるのだろうか？」と，クライエントの主観や日常生活とより結びついた理解となる。

したがって「査定者の役割」も「客観的な観察者」としてよりもむしろ，サリバン(Sullivan, H. S., 1953)が言うところの**関与しながらの観察**(participant observation)者となる。クライエントが経験している困難を共有し，査定者が追体験することこそが重要で，アセスメントの様々な技法はそのための**共感ルーペ**(empathy magnifier)としての働きを持つ(Finn, 2007)。このように心理アセスメントから心理療法へつなげるための，新たな理論的・実践的枠組みを提示した意義は大きい。

6-3 治療的アセスメントの手続き

治療的アセスメントの手続きは，図 6・2 のように半構造化されている。これから各ステップで記述する内容はあくまでも査定者から

の働きかけの要素であり，症状評価尺度など簡便な検査についてはステップ2の後に短時間のフィードバックを行ったり，途中でステップ1から得られたクライエントの問いを再確認するためのセッションが持たれたりすることもある。そういった柔軟性と個別性を内包した治療的アセスメントであるが，ここでは成人を対象とした基本的な流れをまず説明したい。

・ステップ1 初回面接

初回面接では，アセスメントからクライエントが知りたいと思っている事柄を，**クライエントの問い**（AQ; assessment questions）としてまとめることが目的となる。その際に，In Vivo のアプローチが採用される。In Vivo は元々生物学の用語で，「生体内で」という意味を持つ。つまりクライエントの内側にある，クライエント自身の感覚に根ざした言葉を活かして「アセスメントでこれから探求すること」を明確にしていく。

表6·2は，筆者が担当したクライエントの問いを何例かまとめたものである。例えば事例Aの精神医学的診断は社会不安障害であった。「1. 仕事で電話をかけることが怖くなったり」，「2. なぜ自分はこんなに自信をもてないのだろう？」と，社会不安障害に一般的な主訴と重なることがわかる。しかしながらそこに留まらず「2. 本

図6·2 治療的アセスメントの手続き
出典）Finn（2007）

当の自分を見せたくないからなのか？」と自己理解の兆しと思われる着想が見られ，さらには「3. なんで買い物をしすぎてしまうのか？」と適応的でないストレス対処への問題意識も述べられる。そして今後の見通しについて「4. 福祉の仕事は向いていないのだろうか。仕事を変えたら治るのかな？」とつながっていく。これらの問いが診断のための単なる情報を越えて，クライエントの生活に根ざした，ある意味中核的なこころの悩みであることがわかる。

事例Bでは「1. <u>今の自分の状態について知りたい。うつと健康の中間くらいだと思うけど…</u>(下線は筆者による; 以下同様)」，事例Cでは「2. <u>自分のこの性格が生きづらいと思うことが多々あるので，分析して欲しい</u>」と述べられている点に注目して欲しい。査定者が

表6·2 クライエントの問いの例

事例A：社会不安障害
1. 仕事で電話をかけることが怖くなったり，気分がひどく落ち込んだりするのはどうしてだろうか？
2. なぜ自分はこんなに自信をもてないのだろう？本当の自分を見せたくないからなのか？
3. なんで買い物をしすぎてしまうのか？
4. 福祉の仕事は向いていないのだろうか。仕事を変えたら治るのかな？

事例B：気分変調症（抑うつ状態）
1. 今の自分の状態について知りたい。うつと健康の中間くらいだと思うけど…
2. 夫との関係が気がかり
3. 穏やかな気持ちになるためには，どうしたらよいのだろうか？

事例C：パニック障害
1. 主治医と以前の心理士は「あなたの考え方を直したら治るよ」と言うけれども，いつ治るのだろうか？
2. 自分のこの性格が生きづらいと思うことが多々あるので，分析して欲しい
3. 相手に対して，すごく攻撃的なところを治せるのだろうか？
4. 不安になった時，どのように対処すればよいのだろうか？

＜これから心理アセスメント，つまりいくつか心理検査を組み合わせて，Xさんの今の状態やお困りのことについて，一緒に理解を深めていくことができたらと考えています。今後の面接方針にもつながってきますので，大まかなものでも構いませんので，「こんなことがわかったらいいなあ」と疑問に思っていることを教えていただけませんか？つまり自分に対する「問い」を立てていただきたいのです＞と説明する中で，既に下線部のような自己分析が始まっているのである。換言すると，問いをまとめる手続きそのものが，クライエントの自己理解を促進させる潜在的な力をもつ。

ステップ1「初回面接」の後半では，問いを箇条書きにまとめ提示しながら，クライエントに文言を修正してもらう。査定者から，「この項目は明らかにできそうですね」「この項目については，心理検査ではなく別の観点から考えた方がいいかもしれない」などの補足がなされることもある。いずれにせよこういった目標設定と共有の過程が，治療的アセスメントの始めのステップとなっている。

その後，費用，期間，守秘義務，録音・録画をする場合の方法と制限，そして結果を誰に報告するかなど，実際的かつ重要な事柄を話し合い，アセスメントについての同意がなされる。こういった相互作用を通して，クライエントの動機付けを高めていく。

・ステップ2　標準化された検査の実施

ステップ1で明確にしたクライエントの問いを踏まえ，それらを明らかにできるような心理検査のバッテリーを組み，一回ないし数回に渡って施行する。標準化された手続きに従い実施されるという点では，伝統的なアセスメントと異なることはない。しかしながら，以下の3点については，治療的アセスメントならではの配慮がなされる。フィン（2007）を要約し，補足を加えたい。

1. 表面的妥当性（face validity）の高い検査から実施する：例えば自分が ADD であるかどうか知りたがっているクライエントには，ADHD の行動チェックリストから始める。査定者が単なる好奇心からではなく，ステップ 1 でまとめられた問いに従い実施していることがクライエントにもわかる。その後 WAIS-III など注意と作動記憶に関連した認知検査，そして最後に MMPI-2 やロー

心理検査の導入場面の工夫

心理検査を導入する場面で，査定者はクライエントに対しどのような働きかけを行っているだろうか。以下，3 段階に分けて整理したい。

・**段階 1：ウォーミングアップ**

＜体調やご気分はいかがですか？＞＜検査について主治医からどのようにお伺いされましたか？＞＜以前受けた心理検査はいかがでしたか？＞など，ウォーミングアップの会話を持つようにしている。

・**段階 2：「クライエントの問い」を尋ねる**

＜心理検査からどのようなことを知りたいですか？＞＜どのようなことがわかれば，自分のためになると思いますか？＞など，検査を実施する前にクライエントの疑問や要望を尋ねるようにしている。

・**段階 3：「クライエントの問い」を箇条書きにする**

段階 2 への答え（主訴と重なることが多いが，新たな疑問や要望が出てくることも稀ではない）をその場で箇条書きにして，クライエントと協働しながらしっくりくる文言を検討している。

本文中で述べたように，治療的アセスメントでは「クライエントの問い」に従いその後のテスト・バッテリーを構成するので，導入場面は非常に重要である。また治療的アセスメント以外の場面でも，クライエントが語ったことを文章化し見てもらうと，意外と査定者のバイアスがかかっていることがわかる。そういった修正のためにも，段階 3 までの働きかけを推奨したい。

ルシャッハ法のような「そのクライエントからすると，自分が関心を持っている事柄とはあまり関係がないような検査」（Finn, 2007）という順番である。また同様に，気分が落ち込み「消えてしまいたい」と語るクライエントには，最初の検査として抑うつの症状評価尺度である BDI-Ⅱが馴染みやすいであろう。

2. 各検査を実施する前に，クライエントの問いと関連づけて説明する：検査の作成意図が容易には解読できないように注意しながら説明する必要はあるが，このことで実施中の不必要な疑念と不安を低減できる。例えば MMPI では「パーソナリティや症状に関する質問紙です。不思議に感じられる項目も含まれているかもしれませんが，結果は総合的に見ていきますので，あまり考え込み過ぎないでお答えください。これまで仰っていた不安と怒りを理解する助けになるはずですし，『どうして自分は母親に対してひどく八つ当たりしまうのだろう？』という問いを解くことにもつながるはずです」と説明する。

3. 検査中の体験を尋ね，場合によって**拡大質問**（extended inquiry）を行う：クライエントの問いに関連した検査中の出来事に焦点を当て，検査の課題（task）をどのように体験したか探求する。例えば ADD 疑いのクライエントの WAIS-Ⅲ（Wechsler, 1997）直後に，検査中の集中と注意の働きについて「良かったか，悪かったか」「検査状況と日常生活で違いはあったかどうか」尋ねるのである。「数唱」「符号」「語音整列」が拡大質問の中心となるはずであるが，もしかしたら意外な下位検査で意味のある振り返りがなされるかもしれない。またロールシャッハ法では，カードⅦへの「アイスピック」「くるみ割り機（nutcracker）」「ツンドラ（tundra; 永久凍土）」という「怒りと冷酷」の主題を窺わせる一

連の反応継起の後に，これらは母親との関係について，何か長い歴史を伝えようとしているのではないかと仮説を伝え，クライエントの内省を促すこともできる。加えて Handler (2006) の拡大質問技法を用い，「もしこのアイスピックがしゃべったとしたら，何と言うでしょうか？」と尋ねることも有用であるかもしれない。これらのアプローチは，フィッシャー (1985 / 1994) による現象学的接近法の影響を受けている。

質問紙から得られる情報は，基本的にはクライエントがすでに意識している内容で，**表 6・3** で後述するレベル 1 の情報と判断できる。「クライエントの問い」ついても同様で，クライエントは「このことについて専門家の力を借りて理解したい，話し合いたい」と思い，こころの準備 (readiness) を整えている。TAT の施行中に「自分で物語をつくりながら思うのですけれども，自分のことを物語っているみたいですね」とクライエントが感想をもらしたという体験は，多くの査定者が持っているであろう。これは内省が深まっている兆しである。描画法や箱庭を実施した後に，振り返りで語られる内容についても同様に捉えることができる。

・ステップ 3　アセスメント介入セッション

アセスメント介入セッションは，**図 6・2** に示した手続きに最後に加えられた新しい方法で，伝統的なアセスメントの考え方が染みついた査定者には，理解に時間を必要とするステップかも知れない。その目的は，アセスメントで焦点が当てられたクライエントの**生きづらさの問題** (problems-in-living) を面接室の中に持ち込み，その場を観察，探求，そして様々な治療的介入による関わりがなされる場とする (Finn, 2007) ことである。標準化された検査の結果から得ら

れた所見をさらに探究するために，様々なアセスメント技法が介入の手立てとして用いられる。

その方法をいくつか筆者の事例も交えながら提示したい。例えばTATや成人愛着投映法（AAP; The Adult Attachment Projective System）（George & West, 2012）といった物語作成の投映法では，介入として違った経緯や結末を想像するようクライエントに求めることがある。フィン（2007）が，自分と世界についての既存の「物語」を校正し，編集するはたらきと呼ぶところである。

TATの通称「孤独な男の子（lonely boy）」カードと呼ばれる13B場面で「同級生がサッカーで遊んでいるのを見ている。でも自分は中に入ることができない。なぜならこの前の試合でひどいオウンゴールをして，自分のせいで県大会に進めなかったから。今もそのことを思い出している」という失意と疎外の物語が語られたとしたら，そこでその時の感情を少しずつ呼び起こし，そこにしばらくとどまりながら査定者が＜誰かこの子のことを気にかけている人はいるかい？＞＜困難なことかもしれないけど，もし一歩踏み出せるとしたらそのきっかけは何になると思う？＞と問うのである。この事例では「自分はその時，本当に恥ずかしくて何も言えなかった。ちゃんと謝ることができなかった…」と後悔の涙が流された。査定者が安全感を保つことに気を配りながら静かに耳を傾けていると，「だから自分は，いつか草サッカーができるようになったら立ち直れると思う」と語られた。

P-Fスタディでも同様の介入が可能である。例えば場面7，10，13などE反応が期待される場面で全てI反応ないしi反応のコードが得られたとしたら，これはクライエントの自罰的な傾向を示し，過度の心理的な負担につながっていると考えられる。そういった理解

のもとに、＜普通はいきなり「嘘つき」と責められたら怒る。この場面ではそれが一般的です。たいへん苦手なことかもしれないけれど,「自己主張」する方向で書き替えてもらえませんか？＞と介入するのである。この事例では「僕もあなた様のような『真の正直者』になってみたいものですね」という強烈な皮肉に書き替えられ,こころに秘められていた怒りが明らかになった。その直後,実際にその場面を査定者と共にロールプレイで演じ,自己主張訓練を行った(Hashimoto, 2013)。

治療的アセスメントとは,クライエントとの協働である。アセスメント介入セッションでは,査定者との安全な関係のもとに様々な技法を柔軟に用いて,クライエントの問題を面接室の中,つまり**今ここ**(here and now)に持込み,より適応的なありかたを探るための様々な介入を試すことができる。夫婦と家族を対象としたコンセンサス・ロールシャッハ法(Nakamura & Nakamura, 1987／髙橋, 2013)は関係性の理解と修復に特に有効であり,またSCT(文章完成法)でさえもクライエントとの協働的質的分析の素材として活用できる(橋本, 2013)。治療的アセスメントの手続きの中でも「治療的」側面が強調されるステップであり,ゲシュタルト・セラピーに例えられこともある(Finn, 2007)。

・ステップ4　まとめと話し合いのセッション

伝統的なアセスメントでは「フィードバック・セッション」とされることが多いが,一方通行のプレゼンテーションのような査定者主導型フィードバックよりも,相互作用を重視した話し合いの方がより多くの利益をクライエントにもたらすことが実証された(Hanson, Claiborn, & Kerr, 1997)ことを踏まえ,「まとめと話し合いのセッション」と呼ばれるようになった(Finn, 2007)。

査定者とクライエントは，ステップ1で明確にされたクライエントの問いに沿って話し合いを進める。査定者が検査結果について標準化データや併存的妥当性が確認された様々な研究を踏まえながら説明し，クライエントはそれらの仮説が自分自身の体験や理解と「ぴったり(fit)」するかどうか吟味する。関連してコウリーら(Corey, Corey, & Callanan, 2003)は，一般に，テストのスコアではなく，テストの結果をクライエントに示すのがベストです。つまり，あなたは，その結果がクライエントにとってどんな意味を持つかをクライエントと探求するべきです。クライエントに特定の情報を聞いて受け入れる用意がどの程度あるかを評価し，クライエントがそのテスト結果にどう反応するかを敏感に察知しましょう。テスト・データについての解釈と話し合いはわかりやすく，かつ，民族や文化が異なるクライエントのニーズに関連したものであるべきです，と述べており，この方法は治療的アセスメントにも取り入れられている。

表6・3は，心理アセスメントの結果をクライエントに提示する順番(Finn, 2007)である。シュローダーら(Schroeder, et al., 1993)は，この順番でアセスメントからの情報が提示されたときに，クライエントは最も有効にその結果を活用し，統合できることを明らかにした。以下，フィン(2007)を捕足しながら説明したい。

1. **レベル1の情報**から始める：クライエントが既に，自分自身について理解している，つまり自己概念に組み入れられている情報である。「外向的です」と自己診断(self-labeled)するクライエントのMMPIで，とても低い0尺度が示された場合に＜初対面の人と会うことを楽しみ，大きなグループの中にいても居心地がよさそうです。しかしながら一人で主体的に取り組まなくてはなら

表 6·3　心理アセスメントの結果をクライエントに提示する順番

レベル 1 の情報	クライエントが普段から持つ自分自身についての考え方を裏付ける所見。フィードバックで容易に受けとめられる。クライエントは「たしかに私のことですね」と言うことが多い。
レベル 2 の情報	クライエントが普段から持つ自分自身についての考え方を修正したり，更に詳しく説明するものの，自尊心や，それまで大切にしてきた自分への見方を脅かすようなことはない。クライエントは「これまでそんな見方で考えたことは全然なかったです。でもそう言われると，自分に当てはまるかもしれないなあと思います」と述べる。
レベル 3 の情報	クライエントが普段から持つ自分自身についての考え方からかけ離れていたり，食い違いがあるような所見。フィードバックで受け入れられないことも多い。レベル 3 の所見がクライエントの不安を強く呼び起こすこともよくあり，従って性格防衛の機制が発動される。

出典）Finn（2007）

ない仕事では，気が乗らないこともありそうですね＞という所見を示し，クライエントが「その通りです。根気が続かないのです」とすぐに同意するような場面が挙げられる。また別の例として，MMPI の 2 尺度ないし BDI-II 得点が上昇した場合は，＜気分の落ち込みを感じている。何をやってもうまく行かないと仰っていましたし，理由もなく悲しくなる時があるのですね＞とクライエントの抑うつをまず取り上げるところから始める。抑うつ的なクライエントへ結果から得られた長所ばかり伝えることは，無配慮な励ましとして体験され，かえって逆効果になることがある。質問紙での抑うつに査定者が寄り添うところから始めることで，クライエントは理解されたと感じる。

2. 次に，少しずつレベル 2 の情報に進む：クライエントが従来から持つ自己概念を捉え直し（reframe），更に詳しく説明

(amplify)する可能性を持つ，新たな気づきにつながるような情報である。無気力でやる気がなく，仕事を先延ばしにしてばかりいると思い込んでいるクライエントを例としたい。ロールシャッハ法を実施し，そのDスコアがマイナス4だった場合，問題は本人が考えるような単純な怠けではなく，むしろ情緒的に圧倒されているではないか，気配りも含めいろいろなことを繊細に感じすぎるために動けなくなるのではないか，という新たな知見を伝えることができる。また別の例として，非行少年のWISC-IVにおける「絵画配列」の低下は因果関係の把握の弱さを意味するが，そこに査定者がふれた時に「やっぱりですか。自分でも何となくそうかなと思っていました。『何でまたやってしまったのだろう』という結果を，先に予測できないのです」と述べられたとしたら，レベル2の情報である。ここでは，クライエントが暗々裏に感じている体験に，査定者との相互作用を通して自己概念の輪郭を形作っていくことができる。

3. 最後におおよそ順調に進んでいるのであれば，**レベル3の情報**に進む：いくつかの主要な点で，クライエントの既存の自己概念と食い違う(discrepant)情報である。解離の機制を用いることで，普段の生活では扱わないように，長年記憶に蓋をしてきたような内容も含まれている。したがってレベル3の情報を話し合う際には，査定者にも慎重な配慮が必要となる。しかしながらアセスメント，特に投映法はこういった水準の情報をも引き出すのである。例えばロールシャッハ法の反応継起で，自己イメージの損傷を示すMOR反応に続き，形態水準の低い性反応が繰り返されるパターンが複数のカードで認められた場合，それは失われた自信を取り戻すために衝動的な性行為を行い，その結果かえって

自分を傷つけているという仮説を立てることができる。この治療的アセスメントが，HIVに感染したクライエントからの「危険なセックスはもう止めたい。どうしたら自分を大切にできるのだろうか」という問いにもとづくものであったとしたら，査定者は見ない振りをして通り過ぎることができるだろうか？自尊心の低下と自傷的な性行為の関係について，面接室内に安全な風土を保つことへの最大限の配慮をしながら，つまり恥の感情を丁寧に受けとめながら，理解を共有する必要があろう。そして短期的には衝動をいなすための，より適応的対処行動の策定，長期的には自尊心の回復が目標となる。フィン(2007)によると研究結果は，多くの事例でクライエントはレベル3の情報についてしっかり考え，自分のものにしようと(assimilate; **同化**)していることを示している。そしてそれはアセスメントが完了し，年月が過ぎた後であっても維持される。

レベル1／2／3の分類について，ロールシャッハ法を例にもう少し説明したい。Mマイナス(形態水準の低い人間運動)，COP(協力的運動)，AG(攻撃的運動)など投影が認められる反応については，その質的な内容をレベル2の情報として取り扱うことができる。例えばIXカードの「見頃を過ぎたユリの花。この緑の葉っぱがしおれていて，少し旬を過ぎた感じ。昔は雅だったのですが…」というMOR(損傷内容)反応は抑うつや衰えの感覚を意味している可能性があり，その場合に＜自分の中の一部分が，しおれてしまったように感じている＞と査定者がIn Vivoで，つまりクライエント自身の表現を使ってフィードバックすると「あまり考えたことはなかったけれど，そういった感じは確かにあります」と内省が深まる可能性

がある。エクスナー(2000)が「MORとコードされた反応には，たいてい，その人が心中に抱く自分についてのネガティブな印象の一側面が漏れ出ている」と指摘したように，言語的・質的反応として漏れ出た部分は，ある意味クライエントによる自己紹介であると捉えることができる。

一方，ロールシャッハの構造一覧表で数量的データとしてはじめて明らかになった情報，ないし描画法や箱庭に象徴的なシンボルとして表現された内容で，「クライエントの問い」とは全く異なっているような結果については，ひとまずレベル3の情報として位置づけた方が良いと思われる。

まとめると，情報のレベル1／2／3の分類について，①標準化された検査からの結果を(a)各尺度の数値など「数量的データ」と(b)投映としてクライエントが言語的に表現した「質的データ」といった視点で整理し，その上で②「クライエントの問い」やその他査定中のインタビューから得られた内容と照合しながら判断することができる。

また，ステップ1で明確にされた「クライエントの問い」と，各検査から得られた所見の一致度も基準として役に立つであろう。この点については，4-2節も参照して欲しい。

ステップ4「まとめと話し合いのセッション」のゴールは，査定者とクライエントが協働し，ステップ1で立てた問いへの「答え」を生み出すことにある。そのことによりクライエントのこころの中には，長年抱えてきた問題を乗り越えようとする自発的な動きが生じてくる。

・ステップ5　文書によるフィードバック

　まとめと話し合いのセッションの後，査定者は専門家向けの「心理アセスメント報告書」とは別に，クライエントに宛てた文書を作成する。**報告書**（report）ではなく**手紙**（letter）という単語が使われ，わかりやすく平易な文体で書くことが望ましい。

　文書の特徴として，①「クライエントの問い」に従った項目立てにより構成されること，②「まとめと話し合いのセッション」の前に下書きすること，③「アセスメント介入セッション」「まとめと話し合いのセッション」で既に話し合ったことを中心に記すこと，④アセスメントからの理解を踏まえ「今後への推奨」を提示すること，などが挙げられる。それまでの治療的アセスメントの経過を振り返り，そこでクライエントから教えてもらった事柄や新たな情報，当初の見立てから修正された仮説，さらにはフィードバック中のエピソードなども盛りこみながら親展を書くような感覚である。

　読者の中にはクライエントの手元に「記録」「証拠」として残るような文書を渡していいのだろうか？と危惧する人もいるかもしれない。この点については，査定者がどのようなオリエンテーションで心理アセスメントと心理療法の訓練を受けてきたかということも影響しているように思われる。しかしながら実証的な研究では，「口答のみのフィードバック」に比べ「口答と文書の組み合わせによるフィードバック」の方がより優れていると評価されている（Lance & Krishnamurthy, 2003）。クライエントと専門家に対し，効果的な文書を書くための文体と文法に着目した研究もなされている（Allyn, 2012）。

　以下，クライエント向け文書の一般的な構成を示す。

　主治医をはじめとした専門家向けの報告書も，最終的にはこの段

階でまとめることをフィンは勧めている。なぜなら、アセスメントから得られた仮説を査定者のみの理解で記述するのではなく、フィードバックを通してクライエントが得た理解も参照し、より精度を高めた形で記述できるからである。

例えば複数の標準化された検査間で、**基準関連妥当性**の観点からすれば矛盾した結果が認められる――MMPI-2 の 2 尺度は T=55 と高くないにも関わらず、ロールシャッハ法の DEPI は 6 で陽性となり C'も 4 と高い――ことが臨床で珍しくないのは、多くの査定者が実感しているであろう。そういった矛盾に対し「MMPI-2 とロールシャッハ法、どちらの結果が正しいのだろう？」と査定者のみで考えるのではなく、＜A さんがこころの中ではしんどさや億劫さ、あるいは悲しみを感じている可能性があるのに、そのことについて「私は気分が落ち込んでいます」と周りにはっきり伝えられていないのが

クライエント向け文書の構成

1. 時候の挨拶や査定者からの簡単な近況報告からはじめる。さらに協力してくれたクライエントへの感謝の気持ちを伝える。
2. アセスメントの日程と実施した検査の記録。
3. 「クライエントの問い」に従い、それへの答えとして様々な検査から理解できたことや、その話し合いの中から更に深めることができたことについてまとめる。クライエントが語ったキーワードを使うと、後に読んだとき、治療的アセスメントの体験を呼びおこしやすくなる。分量的にはここが主要な部分となる。
4. 今後への推奨を、具体的に示す。箇条書きでもよい。
5. 付録として、各検査結果の数値のみを客観的データとして添付する。例えば MMPI-2 では「Welsh code: 347'1 +-8206 / 9:5# L'+-KF/」といった記載、ロールシャッハでは構造一覧表の数値となる。

気にかかっています。もしかしたら、そうは言えない状況があるのかもしれない。もう少し教えてもらえませんか？＞と問いかけ、そこで得られた理解も含めて記述した方が、よりクライエントの生活に近く、かつ精度の高い専門家向けの報告書となる。

IQ や群指数などの知能検査の数値、症状評価尺度による重症度評価など、客観的なデータについてはステップ2「標準化された検査の実施」の時点で逐次カルテや記録に記入すればよい。最終的な専門家向けの報告書を提出する前であっても、新たな情報を共有することができる。査定中に語られた希死念慮など危機介入が必要な場合も同様で、むしろ口頭での報告の方が望ましい場合もあるだろう。

・ステップ6　フォローアップ

「まとめと話し合いのセッション」から1〜2ヵ月後に、フォローアップセッションがもたれる。クライエントは査定者と来談または電話で再会し、「クライエント向けの文書」を読んで感じたことや、その後生活の中で試してみた事柄について話し合う。つまりアセスメントで得た気づきについて、時間をおいていったんこころの中におさめた後で、もう一度振り返る。クライエントが自らの治療的アセスメント体験についてまとめた手紙を渡してくれることもある。このフォローアップにより、治療的アセスメントを通して得られた学び、支え、そして自分に対する新たな見方がしっかりと定着し、汎化につながっていく。

6-4
治療的アセスメントの研究

　近年この領域に関連した実践的研究が，米国のみならず，イタリア，フランス，そして日本でも活発になってきている。成人，思春期，子どもと家族，そして外来患者と入院患者など，様々な対象で治療的/協働的アセスメントの有効性が示されてきている（**表6・4**）。

　それらを包括する研究として，Poston & Hanson (2010)は，治療的な介入を含んだ心理アセスメントの論文17編を対象にした**メタ分析**を行い，その結果を効果量 $d=0.423$（中程度の臨床効果）と報告した。そして臨床家は，このモデル（治療的/協働的アセスメント）についての継続的な教育と研修の機会を持つべきである。これまで通りのやり方でアセスメントと検査を実施している臨床家は，クライエントが変わるための本当に貴重な機会，臨床的に重要な治療過程をより充実したものにするための機会を見逃しているのではないかと思われる。同様に，臨床，カウンセリング，学校心理学の養成プログラムには，治療的アセスメントがカリキュラム，基礎理論の講義，そして実習として含まれるべきである，と結論づけている。

　並行して，**プロセス研究**も実施されている。その利点は「心理アセスメントのどのような様相が治療的な変化を促進させるのか」（Finn, Fischer, & Handler, 2012）を明確にすることにあるが，そのための方法として時系列分析（time-series analysis）（Aschieri & Smith, 2012）やEXP尺度を用いた分析（橋本・坂中, 2012）などが試みられている。

　例えばAschieri & Smith (2012)の時系列分析では，**表6・5**のように，治療的アセスメントの開始前に同定された，クライエントの問

表 6・4　治療的/協働的アセスメントの実証的研究で報告されたクライエントへの効果

		効　果（対象となったクライエント）	研　究
成人（TA）		症状の軽減，自尊心の向上（成人/外来）	Finn & Tonsager, 1992; Newman & Greenway, 1997; Allen, Montgomery, Tubman, Frazier, & Escovar, 2003
		希望の増加（成人/外来）	Finn & Tonsager, 1992; Holm-Denoma et al., 2008
		治療上の推奨へのコンプライアンスの向上（成人/外来）	Ackerman, Hilsenroth, Baity, & Blagys, 2000
		ケースを引き継いだThとのよりよい治療同盟（成人/外来）	Hilsenroth, Peters, & Ackerman, 2004
		境界例を対象とした，マニュアルを用いた認知療法による治療成績（成人/外来）	Morey, Lownmaster, & Hopwood, 2010
		苦痛の減少/自尊心の向上/感情反応性の減少（スクリーニングで不適応的とされた大学生）	Aldea, Rice, Gormley, & Rojas, 2010
		時系列分析における自己批判/不安の減少，対人関係機能の改善（トラウマを抱えた21歳の女性/外来）	Aschieri & Smith, 2012
		時系列分析における感情統制/自己効力/活力の向上，恐怖/不安の減少（トラウマを抱えた52歳の転移性癌の女性/外来）	Smith & George, 2012
		よりよい同盟/協力/治療への満足度，苦痛の減少，well-being 感の向上（精神科入院患者）	Little & Smith, 2009
		自殺企図回数の減少，入院期間の減少（自殺企図の退役軍人/外来）	Jobes, Wong, Conrad, Drozd, & Neal-Waldem, 2005
子どもと家族（TA-C）		子どもと母親の症状の減少，家族の症状の減少，家族のコミュニケーションと凝集性の増加，家族内の葛藤の減少，母親の子どもに対する肯定的感情の増加と否定的感情の減少（児童期の子どもとその母親）	Tharinger, Finn, Gentry, Hamilton et al., 2009
		反抗挑戦性障害の男子児童における症状の改善と家族関係の改善（反抗挑戦性障害の男子児童とその両親）	Smith, Hndler, & Nash, 2010
		時系列分析における問題行動の減少と家族機能の改善（9歳の男子児童とその両親）	Smith, Wolf, Hndler, & Nash, 2009
思春期（TA-A）		悩みを抱えた大学生のうつの症状を抑え，自尊心の向上（スクリーニングで抑うつ的とされた高校生）	Newman, 2004
		自傷行為により救急室を利用した青年の，治療上の推奨へのコンプライアンスの向上（青年/外来）	Ougrin, Ng, & Low, 2008
カップル		カップル療法で身動きがとれなくなった夫婦の関係の改善	Durham-Fowler, 2010
		痛みと否定的感情の減少，パートナーとの関係への満足度と肯定的感情の増加（慢性疼痛を抱えたカップル 47組/外来でのRCT研究）	Miller, Cano, & Wurm, 2013

出典：Finn et al. (2012)．橋本訳（2012b）に追記

題に関する指標5つ,「1.自分自身に辛く当たる」「2.他者への愛情/肯定的感情を認識する」「3.他者からの愛情/肯定的感情を認識する」「4.孤独感」「5.不安」が0-10尺度を用いてクライエント自身により毎日評価される。そして治療的アセスメント開始前8日間を「ベースライン期間」,それ以降9日目から36日目までを「治療的アセスメント期間」と見なし,それぞれの期間における指標の平均と傾きが算出された。その結果,治療的アセスメントの過程を通して,初回面接で同定されたクライエントの問題に関する評定値の低下,つまり苦痛の低減が確認された。

橋本・坂中(2012)が分析の対象としたのは,ステップ4「まとめと話し合いのセッション」の音声逐語記録である。5事例(精神科クリニック4事例と大学付属心理臨床センター1事例)のクライエントと査定者の発言をEXP尺度(吉良他,1992)により評定した結

表6・5 時系列分析(水準変化と勾配変化)の結果

指標	肯定的/否定的項目	ベースライン期間		TA期間		水準変化		勾配変化		pAR (Lag1)
		M	SD	M	SD	r	p値	r	p値	
1. 自分自身に辛く当たる	否定的	7.88	2.17	5.29	2.99	.36	.261	.59	.060	.627
2. 他者への愛情/肯定的感情を認識する	肯定的	0.00	0.00	5.61	2.73	.70	.001*	.35	.224	.510
3. 他者からの愛情/肯定的感情を認識する	肯定的	0.00	0.00	1.86	2.37	.35	.258	.53	.112	.635
4. 孤独感	否定的	5.25	3.96	3.25	3.84	.22	.378	.25	.329	.403
5. 不安	肯定的	6.50	4.87	3.32	3.79	.32	.062	.41	.014*	.027
合成得点	(高いほど否定的)	7.93	1.56	4.88	2.09	.55	.021*	.58	.020	.457

出典) Aschieri & Smith(2012)をもとに改変

果,いずれの事例においても EXP ピーク値が 6 あるいは 7 と高く,クライエントが単なる知的な理解にとどまらず,内的な感情を探索しながら自己理解を進めていたことが明らかになった。

6-5
ロールシャッハ・フィードバック・セッションの概要

中村・中村(1999)により開発された**ロールシャッハ・フィードバック・セッション**(Rorschach Feedback Session; RFBS)は,ロールシャッハ法から得られた知見をクライエントへわかりやすくフィードバックするための技法である。3-8 節で説明した,包括システムの臨床的活用のひとつと言える。「テスト結果は,いうならば治療者(あるいは Tr)と患者(あるいは Te)との共有財産である(筆者注; Tr は Tester, Te は Testee)」と捉え,「患者に理解できるかたちでデータを解説し,さらに治療が必要であればどういった治療(われわれよりも効率の良い治療法を提供できる治療者を紹介することもある)がどのくらいの期間にわたって必要なのかも検査結果にもとづいて説明する。そのうえで患者の選択を待つ」(中村・中村, 1999)という,心理検査版インフォームド・コンセントの性質も持つ。塚本他(2010)は AQ-2(Finn, Schroeder, & Tonsager, 1994)の日本語訳を行い,「クライエントは内容が役に立ち,深く説得力のあるようなフィードバックを求めている」とし,その臨床的意義を実証している。

前述の治療的アセスメントと比較し,共通点と相違点をまとめたものが**表 6・6** である。共にアセスメントによりクライエントを理解することが作業同盟の形成につながると考え,その営みを通して

クライエント自身も新しい自己理解を得，肯定的な自己概念を育てていけるようになることが目標となっている。しかしながらそこに至るための過程として，ロールシャッハ・フィードバック・セッションでは「知的にわかる」「腑に落ちる」体験が，そして治療的アセスメントではアセスメント介入セッションで端的に見られる「面接室に持ち込まれた」「気持ちにふれる」体験が，より重視されている(橋本, 2012a)ように，双方の臨床研究を実施している筆者からは感じられる。この違いには，治療的アセスメントが心理検査を活用した短期療法として開発されたという出発点も関係しているかもしれない。

一方，ロールシャッハ・フィードバック・セッションの発展形として，再検査による変化(ないし変化しなかった部分)に注目し心理療法を組み立てるロールシャッハ・ベイスド・サイコセラピー(Rorschach-Based Psychotherapy)(中村, 2013)が近年提唱されている。長期療法としての展開が想定されたモデルである。

表6-6 治療的アセスメント(TA)とロールシャッハ・フィードバックセッション(RFBS)の比較

	TA	RFBS
目標	新しい自己理解, 肯定的な自己概念, 作業同盟	
Clの体験	気持ちにふれる	知的にわかる
期間	6-8セッション	1セッション
検査	ロールシャッハ法/MMPI/知能検査など	ロールシャッハ法
構造	柔軟	堅い
特徴	アセスメント介入セッション	再検査(ロールシャッハ・ベイスド・サイコセラピー)

出典)橋本(2012)を改変

6-6
ロールシャッハ・フィードバック・セッションの手続き

　ロールシャッハ・フィードバック・セッションは，通常60分から90分の時間をかけて行われる。その手続きの特徴として，まずセッションの進め方等について説明した後に，包括システムの**構造一覧表**を積極的に活用しながらフィードバックを行うことが挙げられる。「どこからフィードバックを始めるか？」という順番については，基本的にクラスター解釈を踏襲しており，その解釈の過程にクライエントにも参加してもらう。中村(2010)はフィン(2007)同様に，このような自分自身を客観的に見る視点を**展望台**(observation deck)に例えており，二人で構造一覧表の数値を眺めるという**共同注視**(joint attention)がそこには生じる。

　フィードバックでは，できるだけわかりやすい説明をこころがける。例えばHVI(Hypervigilant Index; 警戒心過剰指標)の該当について＜ウサギが天敵に襲われないよう，近づいてくる足音をしっかりと拾えるよう耳をピンと立てているのと同様に，いつも周りで危険なことが起こりはしないかと警戒している。またその警戒レーダーの運用にエネルギーを使うので，疲れやすくなっている＞，感情クラスターの「S=6 / S-=4」という結果について＜あなたのこころの中にはもともと怒りが強くあるようだけれども，状況をより悪くしているのは，その怒りの理由が周囲の人からはミステリーで，なかなか伝わらないからかもしれないとこの数値は言っています。6回怒ったうちの4回は意味不明だと受け取られる危険性があるということです。お伺いしたところあなたには怒るべき正当な理由があるように聞こえる，そうでないと自分を守れなかったから。だから

今後の面接では，怒りをわかりやすく伝える具体的な方法について話し合いませんか？＞といった形である。

クライエントに合った隠喩を使うことも，欠かせない工夫であろう。その隠喩のヒントがどこに隠されているかというと，それまで

フィードバックにおけるロールシャッハ構造一覧表の罠

ロールシャッハ・フィードバック・セッションの実際について，私見をひとつ述べたい。真面目な査定者，あるいはマニュアル通りにという意識の強い査定者にこそむしろ生じやすいのではないかと考えるが，一つ一つの変数について丁寧にフィードバックしなくてはという構えが強すぎると，その過程がクライエント中心ではなく査定者中心になり，強迫的かつ機械的な，一方的な説明という罠にはまってしまうように思われる。しかしながら考えてみると，そもそもロールシャッハ法の構造一覧表は矛盾したデータをたくさん含んでいる。つまりパーソナリティはそれだけ複雑なものであり，そこで多くの変数を説明すればするほど，クライエントのパーソナリティがバラバラになるという，ある意味，二律背反的な現象が生じてしまうのではないだろうか。

そうではなく，査定者の役割はそれら矛盾した変数を「和解」させることだと筆者は考えている。その際に，クライエントの語りを中心としたナラティブ・アプローチないし，神経心理学的にシナプスをつなげるというイメージも役に立つかもしれない。そして，その和解のための道筋として，治療的アセスメントのステップ①で明確にされた「クライエントの問い」に沿って解釈を進めることは理にかなっている。なぜならどのデータを重視すべきか，その問いが教えてくれるからである。さらに心理検査を実施する前に「クライエントの問い」を明確にすることで，最適なバッテリーを組み，時間をかけてフィードバックの準備ができるという利点も生じる。

はじめに戻るが，フィードバック面接が 90 分設定されていたとしたら，その 8 割が査定者の発言になってしまったという事態は避けたい。査定者 5 割，クライエント 5 割という発言割合が，協働という観点からもバランスが良いのではないだろうか？

の面接で語られたクライエントの関心や言語表現の中にである。好きな映画やスポーツ，長年親しんできた文化，過去の家族関係，更には旅行先での最近の出来事などに耳を澄ませて欲しい。それらを引用しながら進めることでフィードバックが単なる説明ではなく，より体験に近い(experience near)ものとなる。

質的分析法のひとつであるグラウンディッド・セオリー・アプローチ(Glaser & Strauss, 1967)を用いてロールシャッハ・フィードバック・セッションの逐語記録を分析したところ，クライエントはフィードバックの内容が，既存の自己概念と一致するかどうか，過去や現在の個人的なエピソードを踏まえながら照合する作業を行っていた。ロールシャッハ法の解釈が自分にとってしっくりくるか，それとも違和感をもたらすものか慎重に，ときには揺れ動くような気持ちとともに吟味していることが明らかになった(橋本・安岡, 2012)。クライエントが体験した事柄の「見出し」とも言えるグラウンディッド・セオリー・アプローチのコードとしては，「自己概念とのすりあわせ」「フィードバックへの戸惑い」「具体的なエピソードとしての明確化」「過去の記憶の想起」「(筆者注：クライエント自身による)メタファーの生成」「内省の深化」「素直に感情を表現することへの喜び」などが見出された。

6-7
子どものアセスメントにおける家族面接の活用

子どものアセスメントを行いながら，一緒に来談した親とはどのような関わりを持つことができるだろうか。①並行面接(親面接)を行う，②待合室で待ってもらう，③子どもの行動チェックリストに

記入してもらう,④家族関係を把握するための質問紙に回答してもらう,⑤ワンウェイ・ミラーを通して子どもの様子を観察してもらう,など様々な対応が考えられる。

　親に対して＜それでは,お子さんの心理検査を今から行いますので,保護者の方はこちらでお待ち下さい。結果を心理士が分析し報告書にまとめた後に,主治医の先生からお話しがあると思います＞とする,心理検査の実施とフィードバックを独立させた従来の対応をとることもできるだろう。しかしながら本項ではより発展させた,積極的に家族をアセスメントに巻き込み,子どもと家族の成長をもたらすような新しいアプローチを紹介したい。

　「子どもの心理アセスメントにおいて家族面接を活用することで,査定者と親が子どもの問題への理解を著しく深めることができる。またアセスメント後になされるアドバイスを,親が受け入れる可能性を高めることつながる」とサリンジャーとフィン(Tharinger et al., 2008a)は指摘している。子どもがクライエントないしIP(identified patient)として来談した際に,親面接で生育歴と日頃の行動を聴取することは一般的であるが,そういった情報収集の目的に加え,より積極的に家族面接を活用していく視点である。その理由は,以下の7点にまとめられている(Tharinger et al., 2008a)。

①　**家族の文脈**(family context)において,子どもを観察するいい機会となる
②　子どもの行動に関する仮説を吟味することができる
③　体系的(systemic)な見方を親ができるようになる
④　効果のありそうな介入方法を試すことができる
⑤　子どもが感じている嫌な気持ちを減らすことができる
⑥　家族内の肯定的な関係を育てることができる

⑦ 家族への介入が肯定的に働くことを体験できる

例えば①について，査定者が子どもに＜今日は来てくれてありがとう。来る前にお母さんから，この場所がどんなところか聞いたかな？＞と尋ねた際，ⓐ子どもが自分で答える，ⓑ代わりに母親が答える，ⓒ子どもがお母さんの顔を見ながらおずおずと答えるといった反応の違いは，家族を理解する上で重要な機会となろう。また③の「体系的な見方」は**家族の観察自我**(observing ego)という用語でも説明されており，査定者が第三者として存在すること自体が，家族の中に子どもに対する安定した，一貫した見方をもたらすことにつながってくる。

子どもが子ども担当者とともに，様々なアセスメントに取り組んでいる場面を親が観察することも役に立つ。その際に，面接室の片隅から観察する方法(Finn, 2007)とワンウェイ・ミラーを通して観察する方法(Tharinger et al., 2012)が提唱されている。前者は親との分離に不安を感じるなどより幼少の子どもに適しているが，アセスメント中に親と親担当の査定者があまり会話をすることはできない。一方後者では，子どものアセスメントを観察しながら親が感じたことを，自由に話すことができる。例えば＜静かな環境だったら，こんなに集中してできるんですね＞「そうなんです。でも，あきらめが早くてすぐ『わからない』『どっちでもいい』と言うから，父親が怒るんですけどね」といった具合である。こういった「いまここで」の印象は大変重要で，子どもに対する査定者の理解と親の理解をすり合わせる好機となる。こういったアプローチを総称して**鏡の後ろから**(behind the Mirror)**技法**と呼び，サリンジャーらが(2012)その有効性を実証している。

図6・3は筆者の勤務する札幌学院大学心理臨床センターのプレ

図 6・3 プレイルーム　　図 6・4 ワンウェイ・ミラー越しの観察室

イルームで，図 6・4 はワンウェイ・ミラー越しに併設された観察室である。イスに座り，親と親担当の査定者は子どものプレイやアセスメントを観察しながら話し合っていく。多くの子どもは，最初の 5 分〜10 分間はワンウェイ・ミラーに柔らかいボールをぶつけたり，「顔を近づけるとそっちの部屋が見える」とちょっかいをかけてくるが，次第に飽きて子ども担当者との関わりに集中してくる。その時点から，子どもへのより正確な理解を目的とした観察がはじまる。

親担当の査定者の役割はスポーツ中継の解説者と似ており，①そこで何が起こっているのか専門的な視点から説明する，②そのことにより親が子どもについて更に正確な理解ができるよう支援する，③子どもと子ども担当者の関わりを見て，その後のプレイやアセスメントの内容を組み立てる，などが挙げられる。

表 6・7 は，子どもと家族の治療的アセスメント(TA-C; Therapeutic Assessment for Children)において導入される様々な家族面接技法の中から，より査定的な意味合いが強い技法を抜粋したものである。例えば家族画では「家族が何か一緒にやっているところを描いてください，家族の誰かが怒っている/悲しんでいるところを描

表 6.7　子どものアセスメントで活用される家族面接の技法

技法	説明	強度
家族画	家族ひとりひとりが数示（例：家族が何か一緒にやっているところを描いてください、家族の誰かが怒っている悲しんでいるところを描いてください）のもとで、それぞれ描画を行う。査定者は、それぞれの描画についての話し合いや反応をリードし、コミュニケーションを促進させる。	家族全員が参加した場合、家族画は低・中等度の強度を持つようである。家族画はクリエイティブであるし、より強度の高いアクティビティ（家族彫刻やサイコドラマ）のウォームアップとしても使われる。しかしながら、特定の家族にとっては描画を実施するだけでもチャレンジングな動き(dynamics)が生じる。査定者は、そういった状況に対処できるよう準備し、また可能であれば強度を和らげる必要がある。
コンセンサス TAT	TAT カードを用いて、家族がー緒に物語を作る。肯定的/否定的/中立的な感情を引き出すように、査定者はカードを慎重に選ばないといけない。それぞれ異なった感情状態のもとで、家族がどのようにお互いに影響し合っているかということを査定者は観察することができる。	コンセンサス TAT は、中等度の強度を持つようである。感情を喚起するためにしばしば用いられる。その目的を念頭にコンセンサス TAT は親もカードを選択する。コンセンサス TAT は親もの双方の感情喚起のパターンとその対処技能を明らかにする。時に介入し、異なった物語やそれまでとは違った結末を作ることができる。そうすることで、家族がそれまでとは異なった選択をどれだけ受け入れられるかを検討できる。
コンセンサス・ロールシャッハ	数枚の選択されたロールシャッハ図版を見て、家族全員で合意できる反応に対する意味と反応を構築する。コミュニケーションと相互作用の典型的なパターンを引き出すことができる。そして反応について話し合い、それらを含めながら修正していく。家族の中のサブグループがある場合、それぞれのコンセンサスの質についても指摘することは有益にはならない。ロールシャッハの反応にコードをつけることは必ずしも必要ではないが、家族ひとりひとりの反応の質と内容にどのくらい貢献しているか、査定者が理解することは役に立つ。	コンセンサス・ロールシャッハの強度を予測するのは難しい。曖昧な刺激に対する反応の意味を家族がどのくらい共有しているかわからないからである。したがって、査定者は家族によるコミュニケーションのパターンと反応をどのくらいシンプルなものとして捉えればいいか、目安をつけておく必要がある（そしてそのフィードバックをどのくらいに織り込んでいくか）。また、家族がどう反応し合ったコードに観察した事柄の意味にコメントしたり、家族が介入されからどのくらい気見ていくことも必要である。より直接的な反応するか影響しているかということが、査定者の判断にどのくらい影響を与える。

出典) Tharinger et al. (2008a) より抜粋

いてください」という教示を用い，その後描画を素材に話し合うことで，家族間のコミュニケーションを面接室に持ち込むことができる。またコンセンサス TAT やコンセンサス・ロールシャッハでは「家族の相互作用をアセスメントする」ことばかりでなく，「家族の相互作用に介入する」ことも同時に行うことが目的となっており，例えば前者で「査定者は時に介入し，それまでとは異なった物語や，それまでとは違った結末を家族に作ってもらうことがある。そうすることで家族が従来とは異なった選択をどれだけ受け入れられるか」検討し，変化のきっかけとすることができる。

　サリンジャーとフィン（Tharinger & Finn, 2008）では，より心理療法的な意味合いが強い「コーチング/技能訓練」「半構造化プレイ」「家族彫刻」「サイコドラマ/家族再演（Re-enactment）」も取り上げられており，家族の受け止め方を見ながらその先へ進むことも可能である。

　筆者は，このようなアセスメントと並行して行われる家族への介入は，**ブリーフセラピー**の技法ときわめて近いことを実感している。宮田（1994）はホワイト（White, M., 1989）を援用しながら，子どもの問題を**外在化**，つまり，客観化や人格化をすることで，問題のしみ込んでいない，別のストーリーが家族に生じるように援助している。（中略）ホワイトは，単なる問題の解決というより，ユニークな結果を通して人生と人間関係の書き直しの促進をめざしている，と指摘している。実際，サリンジャーら（Tharinger, Finn, Wilkinson, DeHay, Parton, Bailey, & Tran, 2008b）による子どもと家族の治療的アセスメントではその手続きの最後に，それまでの出来事とアセスメント体験についてわかりやすく触れた**寓話**（fable）が，子ども一人ひとりに対して贈られる。その隠喩としての寓話の中では，動物の

姿を借りた登場人物が様々な経験を通して，それまでとは違い新たに成長していくような物語，あるいは長年抱えてきた悲しみを癒すような物語が描かれる。井上（2013）は「低年齢の子どもの場合は養育者へのフィードバックが主になると考えられるが，個別式の検査の場合は，本人にも可能な限りわかりやすく伝達する必要がある」としているが，寓話はそのための具体的な方法である。

子どもと家族の治療的アセスメントについて「外在化」の概念を用いて整理するならば，①数値化された心理検査結果としての「客観化」，②それらの客観的結果をもとに子どものこれまでの行動を説明する「仮説化」，そして③子どもと家族が自分自身のことをわかりやすく理解できるような成長志向の「寓話化」などが，その実践として含まれる。そしてそれは「どうしてうちの子どもは教室でカーッとなって，トラブルばかりで手を焼かせるのだろう？」「なぜ繰り返し言っても宿題に手を付けず，当日の朝になってパニックを起こすのだろう？」という，子ども本人への責めを含んだ関わりから，保護者が距離をとって柔軟に考えるきっかけになるのである。

子どもを支援することと，家族を支援することを切り離して考えることはできない。このことは子どもを対象としたアセスメントにおいても同様であると結語したい。

◀ まとめ ▶
☐ 治療的アセスメントとは，フィンによって提唱された「クライエントが自分自身についてより深く理解し，抱えている根深い問題の解決を支援するために心理アセスメントを活用する」ための新しいパラダイムであり，その実践方法である。心理アセスメントと心理療法の統合モデルのひとつで，査定者とクライエントの協働が重視される。また情報収集的アセスメントとは，相補的な関係にある。

❏ 治療的アセスメントの手続きは，基本的には6つのステップからなる。ステップ1「初回面接」で同定されたクライエントの問いを骨組みとして，「ステップ2. 標準化された検査」「ステップ4. まとめと話し合いのセッション」「ステップ5. 文書によるフィードバック」を構成する。また「ステップ3. アセスメント介入セッション」では，アセスメントで明らかにされた問題を面接室に持込み，柔軟な治療的介入の試みがなされる。

❏ 心理アセスメントの結果をクライエントに提示する際には，レベル1の情報，レベル2の情報，レベル3の情報という順番で進める。

❏ ポストンとハンソン (2010) は，治療的な介入を含んだ心理アセスメントの論文17編を対象にしたメタ分析を行った。効果量 $d = .423$ (中程度の臨床効果) という結果を受け，治療的アセスメントを臨床教育と研修に導入すべきであると結論した。

❏ ロールシャッハ・フィードバック・セッションは，中村らによって開発されたロールシャッハ法から得られた知見をクライエントと共有するための技法である。構造一覧表をもとにフィードバックする点が特長であり，心理検査版インフォームド・コンセントの性質も持つ。治療的アセスメントに比べ，より知的な理解が促進される。

❏ 子どものアセスメントにおいて，家族面接を活用することは重要である。ワンウェイ・ミラーを通した観察等を通して，より正確に子どもを理解することができる。サリンジャーら(2008a)の方法では，家族画，コンセンサスTAT/ロールシャッハ法，そしてサイコドラマなど家族面接の技法も用いられ，治療的な介入を同時に行うことも可能である。

◀より進んだ学習のための読書案内▶

Finn, S. E. (2007). *In our clients' shoes*. New Jersey: Lawrence Erlbaum Associates.(野田昌道・中村紀子(訳) (2014). 『治療的アセスメントの理論と実践—クライエントの靴を履いて』金剛出版)

☞ 治療的アセスメントの創始者であるフィンの主要論文集である。クライエントを理解する際の基本的姿勢が示されている。アセスメントを用いることでクライエントの複雑な心理に更に深く共感できるのであり，そう志す査定者を勇気づける一冊である。

Finn, S. E. (1996b). *Manual for Using the MMPI-II as a Therapeutic Intervention*. Minneapolis, Minnesota: The Regents of the University of Minnesota.（田澤安弘・酒木保（訳）（2007）.『MMPIで学ぶ心理査定フィードバック面接マニュアル』金剛出版）

☞ MMPI-2のフィードバック面接を治療的介入として活用するという，新しい発想に基づき執筆された一冊である。フィードバック面接の準備，クライエントとの逐語的やりとり，そしてクライエントへのレポートなど，治療的アセスメントの原型がここにある。

髙橋靖恵（2012）.『コンセンサスロールシャッハ法―青年期の心理臨床実践にいかす家族関係理解』金子書房

☞ 治療的アセスメントの「アセスメント介入セッション」で活用される，コンセンサスロールシャッハ法の実際について詳細な事例研究を通し学べる一冊である。

7章

心理アセスメント報告書の作成

理解をまとめ，共有する

【キーワード】
報告書作成の目的とガイドライン，インテーク報告書，ジャーゴン，心理検査報告書，来談情報提供書，クライエントへの文書，子どもへの寓話

　本章では，初めに心理アセスメント報告書の目的とガイドラインを提示し，その後「インテーク報告書」「心理検査報告書」「医療機関への来談情報提供書」「クライエントへの文書によるフィードバック」「子どもへの寓話を通したフィードバック」の実例と作成のポイントを挙げる。6章でふれた治療的アセスメント実践のひとつの形でもあり，理解をまとめ，共有するという観点から読んでいただければと思う。

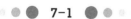

7-1
心理アセスメント報告書の目的とガイドライン

　心理アセスメント報告書の作成には時間と労力が必要とされる。

表7·1 アセスメント報告書の目的と機能

	目 的	機 能
Ownby (1997)	1. 紹介事項について, できるだけ明快に答える	連携
	2. 紹介元に対して, 関連した追加的な情報を提供する	連携, 情報提供
	3. 将来のために, アセスメントの記録を残しておく	記録
	4. 具体的な方針についての推奨を行う	推奨
Sattler (2001)	1. 紹介元や関係機関に対して, 現在の対人関係スキル, 知的/認知的能力, 運動技能, パーソナリティにとどまらずアセスメントに関連した正確な情報を提供すること(例:発達歴/治療歴/教育歴など)	連携, 情報提供
	2. 臨床的な仮説と適切な介入のもととなる情報として使えること	仮説検証 情報提供
	3. 介入がなされた後もしくは時が経った後に行われる評価に備え, そのベースラインとなる有意義な情報を提供すること	仮説検証 情報提供
	4. 法的な書類として使えること	記録
Lichten-berger ら (2004)	1. 照会事項に答える	連携
	2. 個人を記述する	情報提供
	3. データをまとめる	情報提供
	4. 介入に関する推奨を行う	推奨

出典) Lichtenberger et al. (2004)をもとに作成

丁寧かつ誠実にアセスメントを進めれば進めるほど行動観察は詳細になり, かつ検査から得られる情報も増大していく。悩ましいことに, 適切なテスト・バッテリーを組むことによりむしろクライエントの内的な矛盾が明らかになることがしばしばで, そのため報告書に一貫性を持たせるための記述に工夫が必要となる。

表7·1は, リヒテンバーガーら(Lichitenberger et al., 2004)に紹介された, 複数の研究者によるアセスメント報告書の目的をまとめ, さらにその機能を筆者が追記したものである。心理アセスメントを紹介された理由や疑問に答えるという「**連携**」, 関係機関に対する「**情**

7-1 心理アセスメント報告書の目的とガイドライン

表 7·2 読みやすい報告書作成のためのガイドライン

・文の長さを短くする
・難しいことばの使用は最小限にする
・専門(学術)用語の使用を減らす
・頭文字の使用を減らす(頭文字とは，ADHDのように，複数の単語から構成される語の頭文字をつなげて作られた略語)
・受動態をあまり用いない
・小見出しの使用を増やす

出典) Harvey(1997)

報提供」，介入のベースラインとする「**仮説検証**」，クライエントにはたらきかけるための「**推奨**」，そして法的な書類としての「**記録**」などの機能を持つことがわかる。

報告書をまとめる査定者の心理として，検査結果等を集中的に読み込むあまり，つい深みにはまり，**ジャーゴン**(Jargon; 特定のグループのみに通じる専門/特殊用語)に彩られた自己完結的な文章になってしまうことがある。しかしながら本来の報告書はもっと開かれた，公共的な性質を持っている。したがって医療領域であれば医師・看護師・精神保健福祉士などチーム医療のスタッフ，教育領域であれば特別支援教育のコーディネーター・養護教諭・担任などに伝わりやすい文体と用語を心がける必要がある。更には，クライエントとその家族が読む可能性も，考慮した言葉で書くことが望ましい。この点について松澤(2008)はリーダビリティ(readability:読みやすさ)の観点から，Harvey(1997)によるガイドラインを紹介している(**表 7·2**)。

アセスメントの前後に査定者が感じた主観的な印象を，検査結果に基づきながら客観的な評価に耐え得るものとして形にする過程には，様々な専門性が必要とされる。例えばテスト結果を正確に解釈

する実力と，そこにクライエントの症状や問題を関連させる，いわば**点と点を繋ぐ**(connecting the dots)(Jobs, 2005)能力，アセスメントが実施された文脈を読みとくセンス，さらにはわかりやすい記述の技術などである。

7-2 心理アセスメント報告書に記載される項目

表7・3は，心理アセスメント報告書に記載される項目を，リヒテンバーガーら(2004)がまとめたものである。各項目に関する情報を体系的に記述する。例えば検査中の行動観察から得られた情報と，親から聴取した生育歴などの背景情報を関連づけることで，報告書の一貫性を高めることができる。また検査結果の解釈では，単に数字の意味を列挙するのではなく，心理アセスメントを紹介された理由やクライエントの日常生活との結びつき，さらには今後の方針と結びつけながら記述する。読み手にとっての意義が明確になり，質の高い報告書につながる。

上述した項目はあくまでも典型的なもので，医療・教育・司法な

表7・3 心理アセスメント報告書に記載される典型的な項目

・タイトルまたは見出し	・行動観察
・個人を特定する情報	・テスト結果と解釈
・心理アセスメントを紹介された理由	・要約と診断に関する印象
・背景となる情報	・推奨
・実施した心理検査	・心理測定のスコア

出典　Lichtenberger et al. (2004)
注)報告書によっては，注意欠陥多動性障害(ADHD)の薬物療法に関する情報や，綴り方の指導法をまとめた解説シートなど，評価者が推奨の役に立つと考え，共有したいと思っている追加的な書類を添付することがある。

ど領域によって，また作成する心理アセスメント報告書の種類によって，その一部を変更する必要がある。次項以降，その実例をいくつか挙げていきたい。なお個人を特定する情報とならないよう，複数箇所について，適宜変更し再構成を行った。

インテーク報告書

これまであまり意識されることはなかったかもしれないが，各施

「共感的な行動観察」の書き方：
動物行動学の名著『ソロモンの指輪』

　単なる評価観察を超えた，共感的な行動観察の一冊を紹介したい。『ソロモンの指輪』は，刷り込み理論で有名なノーベル生理学・医学賞受賞者ローレンツ(Lorenz, K.Z.)による動物行動学(ethology)の名著である。ハイイロガン，カラス，そしてアクアリウムの循環的生態系などが活き活きと，まるで読者がそこにいるかのように描写されている。臨床心理学を学ぶにあたり，対象から距離をとって「観察」する姿勢を身につけることは必須であるが，愛情をともなった観察とは何か，観察した内容を表現するにはどのようにすればよいか，動物の気持ちを想像すると，はたしてどうなのか，などとても読みやすい文章で伝えている。

　旧約聖書によると，「ソロモンの指輪」を使うと動物の話がわかるそうである。本のタイトルには，動物であっても丁寧で細やかな観察を行うことで，そのこころを理解することができるという，ローレンツの思いが込められている。ペットと暮らしたことのある人ならば，わかるのではないだろうか。科学的であるばかりでなく，ユーモアのセンスが感じられる文体も魅力的である。

設でのインテーク面接後に作成される報告書も，アセスメント報告書のひとつである。読み手は専門職で，例えば筆者が臨床を行っている大学付属心理臨床センターであれば，心理士とその実習生が中心となり，かつ精神科医と精神保健福祉士も含まれている。また別の例として児童相談所の受理会議では，児童福祉司，判定業務に携わる心理士，児童精神科医などが対象となる。基本的には会議（ケースカンファレンス）のために作成される報告書である。

　204頁のサンプルに従い説明したい。司法との連携がもたれた事例で，裁判だけでは立ち直ることができないのでは，と依頼人を心配した弁護士より紹介された。典型的な精神疾患の事例とは異なるが，近年，医療・福祉でも触法事例への支援から注目されていることもあり例示した。まず【受付】で，電話受付日と（面接による）インテーク実施日を別々に記録するのは，そこにある程度の空白がある場合，そのこと自体が意味を持つからである。来談に躊躇があったのか，紹介元との調整に時間がかかったのか，それとも拘留など特別な事情があったのか等様々な理由が考えられ，それらについても合わせて記載する。

　【クライエント】には来談したクライエントを必要に応じA様など仮名に置き換え，年齢そして簡単なプロフィールと共に記す。施設によっては実名の場合もある。

　【来談経路】は特に重要で，クライエントがどのような経緯で紹介されたのかを具体的に記載する。以前の被支援経験がこれから始まる当施設での関係にどのように転移するのか，また紹介元が当施設に対してどのような期待をしているのかを推測する情報となる。

　【主訴】は簡潔かつ明瞭にまとめることが望ましい。しかしながらよくある間違いであるが，クライエントが申し込み票に記入した

「相談内容」を転記するだけでは不十分である。例えば、申し込み票に書かれていたのが「盗撮を完全にやめたい」という一言のみであったとしても、インテーク面接で「どうしたらいいのかわからない」「保釈中なので刑務所に入ることになるかもしれない」という不安が顕在化したとしたら、それらの重要な情報を査定者が要約し、記載する必要がある。クライエントが申し込み票に記入するのは悩みの端的な一部分であり、そのエッセンスを言語化するのも査定者の役割である。

　【家族】は、年齢と職業等を記す。遺伝的要因を考慮しなければならない疾患も多いため、医学的問題がある場合はそのことも附記する。成人のクライエントで、虐待や貧困など原家族の問題が関係しているようであれば、関連する内容もここに含めておく。

　【印象】は、外見、服装、表情、姿勢、そして会話の質やテンポなど行動観察を記載する。

　【経過】では「時系列に沿ってまとめる」ことがとても重要である。主訴に関連した出来事が始めて生じたとき、例えば不登校であれば欠席が始まった時期、不安障害であれば最初のパニック発作が生じた前後の時期から書き始める。きっかけとなるエピソードがあれば、具体的に記述する。受付日をX年として、その前より問題が生じていたのであれば「実際にはX-2年頃から〜」とするとよい。症状や問題に「安定した時期」と「悪化した時期」が見られるようであれば、そのことも記載しておく。過去どのように対応し、どのような結果が得られたのかということについても、この欄に含めておく。

　クライエントがインテーク面接で語る順番と、実際の時系列が一致しないことも多いが、それは仕方の無いことである。査定者がい

サンプル

インテーク報告書

　　　【**受付**】　電話受付:20XX 年 XX 月 XX 日(**番号** 20XXXX)
　　インテーク実施:20XX 年 XX 月 X＋9 日　　**報告者**:橋本 忠行

【**クライエント**】　A 様 27 歳男性(元運輸業勤務,逮捕に伴い失職),B 様 46 歳女性(A の母親／建設業の事務)
【**来談経路**】　法テラス C の D 弁護士(A の国選弁護人)
【**主訴**】　X 年 6 月に迷惑行為防止条例違反(盗撮等)で逮捕された。現在は保釈中で「盗撮を完全にやめたい」が,どうしたらいいのかわからない。
【**家族**】　E 市在住。父親(49 歳／建設業で長期間の出張が多い),母親 B (46 歳／パート,X-10 年にうつ病で精神科クリニック F 通院),長女(25 歳／販売店勤務),長男 A,父方祖母(75 歳)の 5 人家族。
【**印象**】　長身で細身の体型(176cm,65kg)。軽く腰履きにしたジーンズに,チェーン付きの財布を合わせている。非行少年の印象はなく,仕事では大きな声で挨拶をしていそうな感じ。面接での受け答えは的確で,質問に対しても協力的である。
【**経過**】　X 年 6 月中旬,地下鉄での通勤途中に階段で盗撮(20 代女性のスカートの中をビデオカメラで撮影)し,現行犯逮捕。①余罪が多かったこと(100 件以上),②再犯であること等の理由でそのまま警察署留置となる。取り調べより,実際には X-4 年頃から盗撮を繰り返しており,自室のパソコンには 10 時間以上の動画と静止画が保管してあった。特に気温が上昇し軽装になると気持ちが高まり,恐れは一瞬しか感じないまま衝動的に撮影してしまい,その後は自慰行為で満足するというパターン。そのため盗撮は夏に頻発していた。

　嗜癖・フェティシズムの歴史は小学校高学年までさかのぼる。教室に置き忘れられた水着に異常に興奮して,匂いをかいで…というのが最初のエピソードである。その後しばらく忘れていたが,X-11 年(I 高校 1 年)に同じく道端に落ちていた夏プールの忘れ物と思われる水着バックに興奮し,それから軒先に干した下着や立ち読み中の女性を撮影するようになり,ついに X-9 年 8 月(高校 3 年)検挙される。警察から家庭裁判所へ送致され,当初は保護観察となるが,2ヵ月後には盗撮(女子高生の

姿を遠くから写していた/迷惑防止条例)で再度捕まり，最終的には少年鑑別所から少年院(X-8年〜X-7年，期間は1年強)への入院となる。そのため高校を卒業できず，家族もE市からF町への転居を余儀なくされた。しかしながら少年院での本人は，体育祭等で充実していたようである。

　退院後は，現業系販売店に就職し真面目に働く。X-5年には中学時代の友人より紹介された女性と結婚するまでとなる。この時期は窃盗に走ることはなく，落ち着いていた。しかしながらAは取引先の女性との浮気により，離婚の間際となったX-4年頃より再度盗撮を繰り返すようになる。離婚後はJ市で勤務するも一人暮らしが寂しく，X-3年にはF町へと戻り，同業他社へ転職した。その間も余罪を重ねていった。

【生育歴】 3200gで出生，母乳混合。身体発達で気になることはなく「難しい子ではなかった」(母親談)。3ヵ月頃から朝までぐっすりの安定した睡眠パターンで，3歳より保育園に。一生懸命な子で，勉強は普通だったがかけっこ等をがんばっており，時に周りがうっとおしいと思うくらい正義感が強かった。しかしながらそういった部分が徒となったのか，それとも水着のことがばれたのかはわからないが，小学校5年の1年間はクラス中の女子から「気持ち悪い」と避けられていた。このことについてAは「嫌われていたせいで，女の人がつけているものをとってやるとなったのかな」と振り返る。中学ではよかったが，高校2年から3年の時期には同様の悪口や，すれ違いざまに背中を殴られるなどのいじめが続いた。一方，校外では友人や彼女がいたので，救いとなっていた。

【見立てと方針】
再犯防止と回復支援／嗜癖・フェティシズムの理解と内省／家族支援

　X年12月末に結審し，懲役2年(執行猶予3年)となった。再犯を繰り返しており，嗜癖の根深さも踏まえ油断ができず，困難が予想される。D弁護士も「本人はもう絶対にしないという気持ちを強く持っています。その気持ちは私としても尊重したいのですが，このような問題は捕まって後悔しただけで解決できるほど簡単なものではないようにも感じています」と見立てている。母親は46歳とは思えないくらい老け込んでおり「高校時代のことは忘れさせてあげたいと思っていたけど間違いだった。忘れてはいけないんですね」と涙ながらに語る。盗撮の心理的背景としては，①対人ストレス，②女性イメージの偏りの要因があるようで，「見る→興奮する→盗撮する→安心と満足」という一連の行動が極めて

> 短時間に生じている。この衝動メカニズムはほとんど自動化されたセットで,刷り込みのようにも聞こえる。家族にとっては大きな恥だが,それに比べ本人の抑制力が心配。別紙セルフモニタリング記録表を作成し,毎日 0-10 尺度で記入してもらったが,欲求と気分が on/off スイッチとして評価されているのが特徴である。今後 WAIS-III, MMPI を含む治療的アセスメントを実施し,上述を含む自己理解とリスク分析からはじめる。藤岡(2006)の治療教育モデルを参照したい。
>
> **【担当と料金】** 担当 Th 橋本:週一回の本人面接(料金 2000 円)/家族支援が必要な際は別担当とする。

ったん再構成し時系列に沿ってまとめ直していく過程そのものが,問題を整理するための相互作用であると考えることもできる。インテーク面接中に＜ごめんなさい,この前後関係がうまく把握できなかったので,もう一度教えてもらえませんか？＞と介入することをためらわないで欲しい。

 【生育歴】 では,周産期以降の発達に関する情報を記載する。健康状態,身体発育,言語を含む心理的発達,愛着,人見知り,その他児童期の友人関係などが対象となる。早期,例えば 1 歳代で自閉症スペクトラム障害と診断された事例などでは生育歴と経過がほとんど重なることもあるが,その場合は **【生育歴と経過】** という形でまとめることもできる。

これまで上述してきた事柄は, **【印象】** を除き基本的には客観的情報として記述される内容である。それらを組み立てた上で, **【見立てと方針】** 欄に報告者の理解を述べる。

 【見立てと方針】 では,4-3 節で説明したケース・フォーミュレーション,つまりクライエントについての仮説を提示する。介入の対象となる問題,症状,パーソナリティ,社会的要因などについて簡

潔な見立て(ないし見出し)を提示し,どのような方針で心理的支援を進めるのか記述する。医学的診断と特別な教育的配慮が必要な場合は,紹介先も含めそのことを記す。その後の連携のためである。また本例で示したように,インテーク面接の期間にクライエントの状態と,クライエントを取り巻く環境の変化が見られることも稀ではない。それら変化の中にクライエントを理解するための重要な情報や,効果的な介入の手がかりが隠されていることも多く,そういった諸々の仮説をわかりやすく提示していく。

最後の【担当と料金】欄には,現実的な取り決めとなる面接の構造を記す。医療機関や福祉施設などで公的な支援制度が利用される場合,そのことについても記載しておく。

7-4
心理検査報告書

心理アセスメント報告書として,一番馴染みのある形式である。インテーク報告書と同じく専門職が読み手として想定され,特に主治医からの依頼で実施された場合は,検査目的に応える報告書を作成する必要がある。近年では報告書をそのままコピーしてクライエントに渡すようなことはほとんどなくなったと思われるが,最終的な情報の所在については未だ議論が分かれるため,開示に耐えることのできるよう,文体等考慮することが望ましい。

208頁のサンプルに従い説明したい。精神科クリニックの事例で,薬物依存の後遺症としての自己臭恐怖,社会不安,そして復職への懸念を抱えていた。

| サンプル | 心理検査報告書 |

【氏名】 A様(No.01234)　19XX年X月X日生　30代前半　男性

【検査者】 橋本

【実施日】 20XX年X月X日-X月X+14日

【検査内容】 WAIS-Ⅲ成人知能検査／BDI-Ⅱベック抑うつ質問票／MMPIミネソタ多面人格目録／ロールシャッハ法(包括システム)

【検査時の様子】

　スピード違反で自動車免許が失効となり，母親の送迎による通院であった。背は低くがっしりした体格で，一見強面の印象を与える。ガムを噛みながら入室したが，検査中は止めて欲しい旨伝えると，存外気分を害することなくゴミ箱に捨てる。会話は友好的で，スケートボード，クラブミュージック，映画など興味の幅も広い。危険ドラッグを使用していた10代後半には荒れた生活を送っていたが，今は穏やかであると語る。＜よくクリーンな体になれましたね＞と話しかけると，「気合いっすよ気合い。俺の仲間も気合いでやめて，今は結婚している奴も多い」と笑う。

　一方，不安は強く，検査中も「くさくないですか？」と体臭を心配する。＜自分でもにおう？＞「におわない。制汗剤ものすごく使っているから。それでも心配。自分ではわからないのに，人に臭いで迷惑かけていないかどうか気になって。地下鉄でもそういう人たくさんいるから，外出も億劫になってしまう」と，生活に支障が出ていることがわかる。過去に皮膚科で診察を受けたこともあるが，問題ないと言われている。

　特にWAIS-Ⅲでは，粘り強いあきらめない態度で取り組んでいた。計算や集中を要する課題など，自分が苦手なところは正確に把握していた。心理検査から知りたいことは，①においがなくなるだろうか，自分は他の人ににおいで迷惑をかけていないだろうか？②職を持っていても食っていけるだろうか？将来への不安についてどのようにしたらよいだろうか？という2点であった。

【要約】

・抑うつは軽度～健常の範囲(BDI=17点／MMPI：D=58／ロールシャッハ法：DEPI=4)であった。MMPIに「パラノイドの谷」プロフィールが認められる。警戒心が強く，周囲の人から＜においはしない。大丈夫だ

- よ＞と保証されたとしても,「本当にそうなのか？自分を心配するあまり嘘を言っているのではないのか？」と疑心暗鬼になっている。
- WAIS-III にはプロフィールの極端な偏りが認められ,特に作動記憶と処理速度が低下していることから,①児童期より ADHD が存在した可能性,ないし②薬物依存の後遺症が考えられる。前者であれば,落ち着きがないために怒られることが多く,その結果反発心が強まり,非行に走った。ADHD → 反抗挑戦性障害 → 非行の DBD (Disruptive Behavior Disorder) マーチである。二次的な障害として,自尊心の低下も認められる。
- 本人にも明確にならないような水準での身体的な不安は強い(ロールシャッハ法：An + Xy=3)。MMPI の Hs 尺度と Hy 尺度は平均以下で,いわゆる身体表現性障害の「転換 V」プロフィールではない。腋臭と多汗症で皮膚科を再受診する際には,過度の意識づけのため,かえって心気的にさせることがないよう気をつける必要がある。
- 職員と信頼関係を築いていく過程そのものが治療的にはたらく。C 病院でしっかり薬物依存の治療に取り組んだ実感を持っている。
- 言語的な資質は高い。症状が改善されたとしたら,本人が親しみと安心を感じられる人との交流は,支えになるのではないだろうか。粘り強さは長所である。

【検査結果】

[**WAIS-III**] FIQ=89 / 言語性 IQ=103 / 動作性 IQ=74

FIQ=89 は平均〜平均の下の範囲に入る。言語性 IQ と動作性 IQ の差は 29 と大きく,5% 水準で有意である。下位検査のばらつきも非常に大きく,得意と苦手に顕著な差がある。特に作動記憶(=83)と処理速度(=72)が低下しており,これまでの面接では得られていない情報であるが,児童期より ADHD が存在した可能性を考慮する必要がある。

「理解 17(評価点：以下同様)」「単語 13」「類似 11」など,言語的な理解力と表現力に関連した下位検査に優れている。「行列推理 12」も含め,直感的論理と抽象的概念を用いる資質は高い。途中の雑談であるが,「集団的自衛権と憲法改正」など,意見が分かれる議論も好む。

一方「符号 4」「記号 6」など,単純ではあるが注意の集中が要求される課題に弱い。素早く正確にこなすことが難しく,うっかりミスも多い(「記号」の誤答 3 / 処理速度 72)。また特に苦手なのは「絵画配列 2」であり,因果関係の把握が難しく,時間的経過を順番に辿ることが困難で

ある。現在の自分の行動がこの後どのような結果につながるのか，というところに考えが及びにくい。行き当たりばったりの判断が，スピード違反など衝動的な行動につながったのではないか。ものごとの起承転結を普段から心がける必要があり，この部分を丁寧に紡いでいくような段階的働きかけが欠かせない。

今後働いていく際の推奨としては，①現在の工場勤務であれば，うっかりミスがないように注意をはらうこと，②言葉でコミュニケーションをとる業務が向いている可能性のあること，③その場合スケジューリングや段取りに十分な注意をはらうこと，④聞き落としがないようメモの習慣をつけること，が挙げられる。

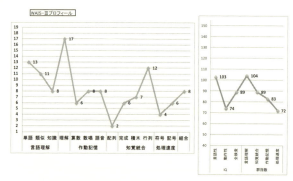

注：検査用紙の複写は禁じられている。唯一の例外は「資格をもつ別の専門家に受検者の記録を伝達することを目的とした記入済み記録用紙の複写である」(Wechsler, 2003)。ここではプロフィールの簡略図を掲載した。この他，パーセンタイルや信頼区間などの情報を追記できる。

［MMPI］

率直な回答態度で，プロフィールの妥当性はある。今の自分は普通の状態ではなく，悩みを抱えた状態にあると感じている(F=71)。自分のことを際だたせようとして，自己同一性の問題に悪戦苦闘している青年は，この範囲のF得点をとることがある。

緊張しやすく，すぐ驚き，しばしばちょっとした状況であってもあたかも緊急事態であるかのように過剰に反応する（女性に多いとされる，69コード）。興奮しやすく，猜疑的で，自分の行動の動機を，頻繁に釈明し

たい。家族歴ではしつけに厳しい一方，過保護なところもある母親と，寛容だがおそらく関わりの少ない父親が浮かぶ。

　情緒的な関わり合いを恐れ，他者と距離をおこうとする。批判には敏感で，慢性的な不信感をもっている(678：パラノイドの谷)。「何度話してもわかってもらえない」場面になると，怒りや衝動性が高まる(4尺度66)。矛盾するようであるが，しばしば愛情に対する過大な期待も持つ。抑うつと疲労感は，軽度から正常域であった(2尺度58／7尺度59)。

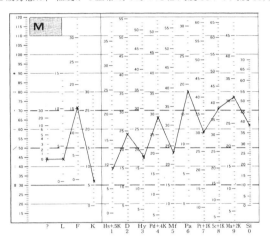

[BDI-II]　17点(軽度の抑うつ：範囲14-19点)
　不眠，食欲の変化，疲労感など身体面での訴えは少ない。過去の自分を悔やみ，現在の生活を楽しめないなど，認知面での抑うつが強い。

[ロールシャッハ法(包括システム)]
　内向型で，様々な可能性を十分検討してから行動にうつす(EB=7:3.0)。深く考えたり，自分の行動をコントロールするための資質は十分にもっている(EA=10.0／D=0／AdjD=1)。乱暴な行為や荒れた生活があったにせよ，様々な経験から多くを学んできた。
　警戒心が強く，「周囲の人は果たして信用できるのだろうか？」と疑心暗鬼になる傾向が認められる(HVI)。「ここは安心できる場所かどうか？」といつも周囲に気を配っている。消耗しやすい認知のスタイルで

ある(Zf=25)。「危険ドラッグをやっていた頃,警察に見つかりやしないかいつも心配していた」「においで人に迷惑をかけていないか,自分ではわからないから心配」というエピソードが納得できる。一方で,アンテナを張り巡らしている割には情報を取り込む効率が悪く,環境にある重大な部分や手がかりを見落とすことが多いことも特徴で,場当たり的な行動につながりやすい(2d=－4.5)。努力する割には報われない感覚を持つのではないか。

明確な状況であれば,常識的なものごとのとらえ方ができる(P=7)。しかしながら感情の影響を受けた時と,対人不安が高まった時の判断は心許ない(WDA%=0.55 / X-%=0.42 / 色彩とWの顔反応でのマイナス)。ストレスそのものに弱いわけではないため,自分にそういった傾向があることを自覚しておくだけでも役に立つ。やや悲観的な傾向があるものの,思考そのものは清明である(MOR=2 / Wsum6=8)。

MMPIや面接など,言葉水準での訴えはないが,ロールシャッハ法では通常以上の身体的関心やとらわれが認められる(An＋Xy=3)。心気的になりすぎないよう配慮して治療をすすめる必要がある。

孤立感が強い(Isolation=0.21)。「友達の結婚式に出席できなかった。寂しかった」という気持ちはもっともで,意欲を保つためにも,社会的なつながりから孤立させないことが大切であると思われる。

1：統制とストレス耐性

R = 33	L = 1.06		
EB = 7:3.0	EA = 10.0	EBPer = ***	
eb = 5:3	es = 8	D = 0	
	Adj es = 7	Adj D = +1	
FM = 3	SumC' = 2	SumT = 0	
m = 2	SumV = 0	SumY = 1	

5：感情

FC:CF+C	= 2:2
Pure C	= 0
SumC':WSumC	= 2:3.0
Afr	= 0.50
S	= 7
Blends:R	= 3:33
CP	= 0

7：対人関係

COP = 1		AG = 0	
GHR:PHR		= 10:10	
a:p		= 4:8	
Food		= 0	
SumT		= 0	
Human Content		= 19	
Pure H		= 6	
PER		= 0	
Isolation Index		= 0.21	

4：思考

a:p = 4:8　Sum6 = 3
Ma:Mp = 3:4　Lev 2 = 1
2AB+Art+Ay = 3　WSum6 = 8
MOR = 2　M- = 0
M none = 0

3：媒介

XA% = 0.55
WDA% = 0.60
X-% = 0.42
S- = 5
P = 7+(0)
X+% = 0.39
Xu% = 0.15

2：情報処理

Zf = 25
W:D:Dd = 23:7:3
W:M = 23:7
Zd = -4.5
PSV = 1
DQ+ = 9
DQv = 1

6：自己知覚

3r+(2)/R = 0.12
Fr+rF = 0
SumV = 0
FD = 0
An+Xy = 3
MOR = 2
H:(H)+Hd+(Hd) = 6:13

☐ S-CON = 4　　PTI = 3　　☐ DEPI = 4　　☐ CDI = 2　　☑ HVI = Yes　　☐ OBS = No

注：ロールシャッハ構造一覧表は,中村・大関(2010)を用いて作成した。

【検査時の様子】には，検査の前後を含め行動観察等から得られた情報を記載する。表情，服装，姿勢など外側から観察できる情報，言語的やり取り，理解，反応の早さなどコミュニケーションに関する情報，これまでに受けたことのある検査と専門職からフィードバックを受けた経験，さらには検査の目的についてどのように説明されたか，など様々な内容が対象となる。

【要約】は，心理検査報告書の冒頭に置く場合と，末尾に置く場合が考えられる。多忙な職場では前者が好まれるかもしれない。箇条書きを用いて簡潔さを強調するのもひとつである。今後の方針に関して，何らかの推奨がなされることも望まれる。

【検査結果】は分量的にも報告書の主要な部分となる。実施した検査ごとに結果を提示していく。あるいは構造化の程度が高い検査から低い検査へという流れでもよい。例えば知能検査→質問紙法（症状評価尺度）→質問紙法（MMPI）→投映法（ロールシャッハ法）→投映法（描画法）といった順番である。ウェクスラー式知能検査やMMPIのプロフィールは視覚的に重要な情報であるため，各自適切な方法を工夫して添付するとよい。

記述の際には，結果と解釈の対応を明確にする。例えばサンプルのWAIS-Ⅲにおける，「符号4」「記号6」など，単純ではあるが注意の集中が要求と弱い。素早く正確にこなすことが難しく，うっかりミスも多い（「記号」の誤答3／処理速度72）。また特に苦手なのは「絵画配列2」であり，因果関係の把握が難しく，時間的経過を順番に辿ることが困難であるといった記述である。またそういった傾向が，日常生活においてどのようにあらわれているのか読み手が想像できるような配慮を行うと，心理士以外の専門職にも「伝わる」報告書となる。

またこれは心理アセスメントの定義や理念と関わる部分でもあるが，検査により発見されたクライエントの「長所」について記述することも忘れないでほしい。いくつかの心理検査は，コインの裏表のようにクライエントの「短所」と「長所」を同時に意味する変数を含んでいる。例えばロールシャッハ法のハイラムダ（Lambda．99）は，①ものごとを単純化して捉える認知スタイルのため環境にある重要な手がかりを見落としやすい，②自分の周りに壁を作っているような状態であるため他者との交流で距離を取りがちである，という短所を示しているが，このことは同時に，①ひとつのものごとに集中した時にはミスの少ない生産性の高い仕事ができる，②環境からの刺激によって過負荷状態に陥らないよう身を守っている，という長所としても理解できるわけである。

　例えば解離症状の背景に過去の虐待が推測されるクライエントであって，上述のような結果が見られた場合は「これ以上傷つかないように守りを固めることで，またこころの中にある繊細な部分を一時的に別の場所に置いておくことで，大学受験や就職活動といったストレスフルな場面を乗り越えてきた」という解釈をした方が，より支援につながるのではないだろうか。

7-5 来談情報提供書

　医療機関やその他の施設との連携の具体例として，来談情報提供書を用いて情報の共有を行うこともアセスメント実践のひとつである。インテーク報告書の情報と重なるところも多く，【氏名】【主訴】【家族関係】【経過】については同様の方法で記載すればよい。

考慮する必要があるのは，【紹介理由】を明確に記すことである。例えば【経過】の後に，サンプル1のように述べる。診断，医学的精査，精神・身体症状への加療，薬物療法，入院治療，公的福祉制度利用の判断などが，心理士からの紹介理由として代表的なものである。

サンプル1

来談情報提供書：紹介理由の書き方

20XX年XX月XX日には長年交際を続けていた友人との衝突もあり，その後自殺念慮が生じ始めました。同時期に新しいプロジェクトを任されたばかりで職場の余裕もなく，疲労が蓄積されていきました。特に「このまま勤務を続けられるのだろうか…」と不安になったXX月XX＋12日以降はめまい，イライラ，動悸，手先の震え，偏頭痛などの身体症状，さらには衝動的行動（果物ナイフで肘の内側を切る，妹に本を投げつけるなど）も出現し，感情的に不安定な状態が続いています。ご多忙のところ誠に恐縮ですが，身体症状へのご加療，そして薬物療法の可能性などご高診，ご高配をいただければ幸甚に存じます。

サンプル2

来談情報提供書：支援方針とアセスメント結果の記載

自分を追い込み消耗してしまうことへの自覚も強く，当センターでは休息の取り方も含めた再発予防的アプローチ，対人関係上のトラブルに対処するための弁証法的行動療法，更には治療的アセスメント（ロールシャッハ法，MMPI, BDI-II, STAI）による自己理解等をすすめてまいりました。20XX年XX月に実施したWAIS-Ⅲの結果はFIQ=115／VIQ=118／PIQ=110／言語理解=120／知覚統合=119／作動記憶=100／処理速度=101と，わずかに抑うつの影響が出ていた可能性はありますが，バランスがとれた，本人の資質の高さを示していました。「単語」「理解」等の下位検査では直感的に一言で答えた時の方が高得点で，考えすぎるほどマイナスになるというパターンが認められています。

クライエントに過去の受診歴や薬物療法の履歴があるようであれば，処方の内容も含め記載する。医師にとって大変役に立つ情報である。紹介元施設で実施したアセスメント結果と支援方針に触れておくと，連携がより容易になる。サンプル2はその例である。

心理アセスメントにおける技術者と査定者

WAIS-III, MMPI など心理検査を実施するためには，それぞれのマニュアルに従い，標準的な方法を学ぶ必要がある。表は標準的な施行法で検査を実施することのできる**技術者**(technicin)と，得られた結果から様々な支援につなげていくことができる**査定者**(assessor)の違いをまとめたものである。

いずれにおいても「検査に必要な信頼関係を作る」ことが重要であるが，「所見と推奨を含んだ報告書の作成」となると単に検査から得られたデータを読めるだけでは不十分で，その「活きた解釈」が必要となる。

心理アセスメントの教育と訓練においては，学部段階で技術者としての知識と技能を身につけることを目標とし，修士課程以降，臨床の中で有効に用いることができる査定者を目指すことになる。

	技術者	査定者
検査を実施するために必要な信頼関係をつくる	○	○
標準的な方法で検査を実施できる	○	○
結果の整理と簡単な統計処理(IQ の算出など)ができる	○	○
検査時の行動観察	○	○
所見と推奨を含んだ報告書の作成	△	○
照会事項への回答	×	○
検査中止の判断が適切に行える	△	○
DSM-5 などの診断基準に関連させながら情報を記述できる	△	○
フィードバック面接を実施できる	×	○
リエゾン/コンサルテーションを実施できる	×	○

また文書の宛先は,「医療法人社団○○会○○病院御中　精神科医長　○○○○先生　御侍史(あるいは御机下)」等とする。

来談情報提供書を送付する,あるいはクライエントに直接持参してもらう前には,その文面に間違いがないか事前に読んでもらうとよい。文面には査定者の思い違いが含まれていることもあるので,訂正の機会となる。クライエントにも紹介理由を確認できる,支援方針に自分の意見を反映させることができるなどの利点がある。7章を通して言えることであるが,アセスメントに関する文書の作成をクライエントとの協働の機宜として捉えてほしい。

7-6 クライエントへの文書によるフィードバック

6章で述べたように,治療的アセスメントではクライエント本人へも,アセスメントの結果と過程をまとめた文書(feedback letter)が作成される。本項では,子どもと家族の治療的アセスメント(TA-C)における,保護者に向けた文書の具体例を提示したい。当初 ADHD が疑われた10歳の児童で,WISC-IV, K-ABC, Conners-3, S-HTP 描画テストが実施された。

筆者は6年前に母親の治療的アセスメントを実施し,当時4歳だった本児とも会っているという経緯がある。作成のガイドラインについては 6-3「治療的アセスメントの手続き」のステップ5を参照して欲しい。

サンプル

治療的アセスメント：保護者へのまとめの手紙

A君のお父さんとお母さんへ

　A君のお母さん，この度は久しぶりにお目にかかれて嬉しかったです。人生の歩みを感じましたし，A君が元気に成長している姿を見ることができて何よりだと思いました。そしてA君のお父さんとははじめてお目にかかりましたが，心理臨床センターでのアセスメントを通して，A君についての理解を深められて本当によかったと思っています。プレイルームでは，一緒に体を張って遊んでくださってありがとうございました。A君にとって，何よりの励ましになりました。

　さてお約束していましたように，このお手紙では20XX年8月13日から10月19日にかけて実施された様々な心理アセスメント結果とその話し合いについてまとめています。内容に関してもう少し説明してほしい点や意味がわかりにくい点などありましたら，いつでもご連絡いただけたらと思っております。

全般的な理解

　知的な資質は高く，WISC-IVという総合的な知能検査で測定したIQは121と平均よりも優れた結果を示します。上位10%に入る値です。K-ABCという教育の問題を含んだ検査も実施したのですが，その中の習得度尺度も130と高く，授業をしっかり身につけていることがわかります。「今回の成績は大体が大変良いでした」とおっしゃる通りですし，また「前の小学校の時よりも上がりましたね」というのもその通りだと思います。落ち着いた教室・落ち着いた環境で力を伸ばせるお子さんです。この辺りは，お父さんの専門とも重なる部分ですね。

　いろいろな問題を解くことはそれなりに負担で，検査中に疲れを感じる瞬間もあったと思うのですが，「休憩とらなくていいよ」「疲れてないから」と頑張っていました。我慢しがちなところがあるので，その辺りは無理しすぎないで「あー，のど渇いた」とか素直に言ってもいいのかな？と感じています。

7-6 クライエントへの文書によるフィードバック

　20XX 年 7 月 10 日に初回面接でいらした時，様々な落ち着きのなさから ADHD を心配し，「自分たちでできるサポートがあればしたい」と仰っていました。しかしながら今回の結果は，幼少期から ADHD であったという仮説を積極的には支持しません。短期記憶と集中の問題は認められません（WMI ワーキングメモリ=112 ／ PSI 処理速度=107）し，視覚的にも細かいところまで丁寧に見ています（絵の完成=17）。となると，どうして今年の 5 月から 6 月にかけて気持ちと行動が荒れていたのかということになるのですが，おそらく大きな環境の変化のために不安定になり，慣れるのに少し時間がかかったということなのだろうと考えられます。引越，転校，そして新しい家族という，大人にとっても大きな変化ですね。しかしながら，少しずつ馴染んでいくことができる一過性の変化であると私は思います。以下，ご両親よりいただいた問いにお応えする形でまとめます。

1） 勉強などについて，A が得意なスタイルを知りたい。そしてそれを今後活かしていければと思う。

　K-ABC で認められたのは，継次処理が同時処理よりも優れるというパターンでした。複数の事柄を同時に進めるよりも，一つ一つ順番にこなしていく方が得意です。そういう意味でお父さんからの試みとして，テレビを消して勉強したり，一緒に食卓を囲む時間を作るようにしたのはとても良かったと思います。一方，時間制限のある問題では，焦って失敗をすることがありました。平常心は，A 君にとって大切なようです。

　論理的な思考・推論能力はかなり高いものを持っています。算数・言葉の読み・文の理解等の能力も高く，長編『ダレンシャン』を楽しんで読んでいることもなるほどなと肯けます。家庭での文化的な機会，教育の機会がこれまでも，そしてこれからもあることは素晴らしいですね。

2） 持ち物や今後の予定などを，すぐに忘れてしまうのはどうしてだろうか。そのことで本人も泣いてしまう。できるだけ負担がかからないような手立てをみつけてあげたい。

　繰り返しになりますが，短期記憶そのものは悪くありません。他に気がかりなことがあったり，気がそぞろだったり，何らかの欲求によりそわそわして，忘れてしまうことが多いのでしょうか…。WISC-Ⅳでは制限時間のある下位検査を苦手としており（とは言っても平均以上ではあります），その時の行動観察も踏まえると，焦りが失敗の要因のようです。

また「泣いてしまう」のも自分の失敗がわかり，そのことを気にしているからとも考えられます。「負けん気が強い」という長所と，コインの裏表となる部分ですね。リラックスする方法を見つけることも大切ですし，次の3) の疑問とも重なる部分です。

3) ちょっとしたことでウワーッてなって，その後シャットアウトしていなくなってしまう。本人がカーッとなった時にどう関わったら良いのだろうか。

今回のアセスメントで十分に検討できていない部分ではありますが，本人なりの理由があるのではないかと思われます。お母さんとお父さんから教えていただいたエピソードを整理すると，どうやら予測とは違ったことが起きてしまうと，急に心配になったりパニックになったりするようです。

具体的には，①運動会でみんながいなくなってしまった時にオロオロしたり，②歯医者の診察券がなくなってしまって，探しても見つからず電話をかけてきたり，③トイレットペーパーがなくなって大泣きしたり，といった場面です。多くの子どもが不安になるような場面です。推論能力が高い分だけ，予測とは違ったことが突然起こるとパニックになるのかもしれません。いろいろと段取りを伝えてあげることもそうですが，「これくらいの未確定状況があるよ」「まだこのあたりはどうなるかちょっとわかってないけど，聞いてくれてたら大丈夫だからね」と一言添えると，本人もこころの準備ができると思います。

4) もしADHDがあったとしても，Aが「僕を理解してくれているんだ」となるようにしてあげたい。

まず第一に，今回お母さんとお父さんが一緒に来てくださっていること自体が，A君にとって間違いなくいい意味を持っています。Conners-3の結果はお母さんとお父さんでほとんど違いがなく，お二人のまなざしが一致していることも明らかになりました。A君について理解を深めることがアセスメントの目的でもありましたし，その道程に同行させていただけたことを，私も嬉しく思っています。初回の時点では，新しい家で暮らし始めてまだ5ヵ月とのことでした。妹のBちゃんも含め，4人が新しい家族になるための理解を一緒に紡いでいったのだと思います。

今後への推奨

1. 空手を始めたのは、本当によかったと思います。新しい挑戦です。こころと身体のエネルギーを形を伴って表現する武道ですし、腕、脚、そして体幹の動きをつかえるようになってきます。特に「型」では、筋肉の動きを静止させることが大切なので、A君にはピッタリではないでしょうか。お父さんや山田先生も一緒になって、剣道遊びで足さばきを覚えたのは楽しかったですね。
2. 「予定」や「一日の流れ」を事前に伝えておくと、安心が増えると思います。継次処理の力を活かすことができます。勉強にも応用できるはずです。
3. 爪噛みや足のばたつきは、緊張を解消するための行動だと思われます。ある程度であれば問題ありませんし、別のより適応的な形にゆっくりと置き換えていくことができればと考えます。

　A君のプレイとアセスメントをワンウェイ・ミラー越しに一緒に見ながら、お父さんが、「難しいですね、途中から父親になるのは。日々葛藤です」と仰ったのは大変印象に残りました。父親と男の子の間には、母親とはまた違った形での愛着のかたち、例えば一緒にスポーツをする、ゲームをする、映画を見るなどがありそうです。A君は、はじめ家の中に一人ぼっちでいる絵を描いたのですが、時期をあけた2枚目では、大きな三角屋根の下で暮らす4人を描きました。彼自身、今の家族が好きでだんだん嬉しくなってきているのだと思います。

　子どもと家族の治療的アセスメント（TA-C）の目的の一つは、保護者が子どもを適切に理解し、いい関わりを持てるようになることである。本事例では、ADHDだから落ち着きがない、忘れ物をしてしまうという診断的な理解から、新しい家族への移行にA君が不安を感じており、故に新しい父親との安心できる絆がとても大切であるという、こころの内側への理解に変化した。その変化をまとめ、形にすることが査定者の役割であり、クライエントへの文書によるフィードバックの目的である。

7-7
子どもへの寓話を通したフィードバック

　本節で提示する具体例は，前節で保護者よりADHDを心配され来談した児童のA君へ，アセスメントで得られた理解を伝えるために贈られた寓話である。ストーリーの骨子は，様々な変化に満ちた宝探しの冒険を通して，自分のこころの中のトレジャー（宝物）を発見する成長物語とした。「経験を通して強くなること」「たとえ喧嘩しても友達と仲良くできること」という願いもこめて執筆した。

　印象的だったのは，主人公を設定するにあたって＜空手を習っている少年と動物のハリネズミのどちらがいいかな？＞とA君に尋ねた時，彼が「ハリネズミ」と即答したことであった。「ハリネズミ」というのは，この寓話の前のフィードバック面接で，A君のこころの中にある繊細さと，それを隠して強がるツンツンした行動を説明するために査定者らに浮かんだたとえである。＜ハリネズミの針は，攻撃をするためではなく，自分の身を守るためにあるんだよ＞と話した時，彼は本当に嬉しそうにしていた。そして日を改め，物語の主人公として選択された時，査定者らは彼の「子どもらしい子ども」の部分はかけがえのないものであり，より大切にすべきであると実感した。それは側で聞いていた両親にとっても同様であり，その選択の後，面接室の中は温かなまなざしで満たされていた。A君はキョトンとした顔をしていたけれども。

サンプル

トレジャーハンター「キュー」の冒険
A君のためのお話

　ハリネズミのキューは，世界中のお宝を探し求めるトレジャーハンターです。緑の街の，緑の森に，4人家族で仲良く暮らしています。部族こそ違いますが，トレジャーハンター学校の先生であるお父さんハリネズミ，病気の子どものお世話が得意なお母さんハリネズミ，かけっこ大好きな妹ハリネズミ，そしてキューです。

　キューは小さい頃にはレスリング，今は空手を習っています。素早い動きが得意です。そして，とても賢いハリネズミでもありました。

　今日は冒険の日です。トレジャーハンター学校のお父さんから配布された，財宝のありかを示す地図も一緒です。でも今回は，今まで歩いたことのない道を進まなくてはなりません。ふと地図を見ると，門の印に気づきました。しかもそれは予想外に近くです。「あれ？こんなところまで来てたんだ」なんて思い進むと，大きな門が見えてきました。

　たどり着くと，「おまえは誰だ？名を名乗れ」と門が低い声で問いかけてきます。キューは「私はトレジャーハンターのハリネズミ，キューです。あなたは？」「私は門であり，同時に門番だ。クイズに正解できる者しか，この先に進むことはできない」と真剣な表情です。キューは挑戦することにしました。門番は「よし，私がこれから果物の名前を読み上げるから，それをそのままの順番で記憶して答えるのだ」と言いました。そして「リンゴ，ミカン，柿，ブドウ，なし…」と続けて10種類の果物を読み上げました。大人にとっても集中が必要な，難しいクイズです。しかしながら順番を覚えるのは，実は得意なキューです。最後少し考えながらもあきらめずに，正しく答えることができました。途中で，全て秋から冬の果物であることにも気づいていました。それを伝えると門番は「うむ，見事！」と感心して通してくれました。

　こうして第一の関門を乗り越えたキュー，その先には小さな川がありました。今度は後ろから「やいやいやい！」と大きな声がします。振り向くと，黄色と黒のスズメバチです。「お前，いま俺ビービ様の羽を踏んだろう」と言って，いきなりお尻の針で攻撃をしてきます。もちろん言いがかりです。あまりに急なことでしたのでキューは驚き，一瞬固まってしまったのですが，針だったらキューもたくさん持っています。全

身から針を出して，身を守りました。そして「何でそんなことをするんだい？びっくりしたじゃないか！」と強く言いました。するとビービは「俺が悪かった。今，悪い王が宝を独り占めして，みんな貧しくなってイライラしているんだ」と言い，キューの地図の印を見て「王の城の場所だ」とつぶやきました。

　二人はその場所に向かうことにしました。キューは「自分はビービに心を開いて，信じることができるだろうか…」と思いましたが，仕方ありません。財宝の地図は，示しているのですから。そうしているうちに，城の街に入りました。人影は少なく，街は荒れ果てています。するとビービが「あそこだ，悪い王は！城の中にいる！」と叫びました。キューも一緒に中に入りますが，悪い王は「何だ，貴様らは。弱肉強食で何が悪い」とジロッとにらみ付けてきます。

　キューは突然不安になり，オロオロして泣きたくなりました。爪嚙みをしたい気分です。でも思い出したのです，ハリネズミ学校の若いヤマディー先生から教えてもらったことを。「キューは落ち着けば何でもできるよ。空手で学んだ勇気を思い出すんだ。こころの中で1，2，3と静かに唱えると，勇気を呼び起こせるよ」と。その通りにすると体の感覚が戻り，平常心を取り戻すことができました。キューは「嫌がらせは止めるんだ。街の人たちが困っているぞ」と真正面から答えます。

　悪い王は壁に掛けてあった剣を取り，壮絶な闘いがはじまりました。力の強さではかないませんが，キューは同じく学校で学んだ特別な足さばきで素早く動き回り，「負けるもんか」とあきらめずに闘いを続けます。そして機転を利かせビービに「王は疲れて動きが鈍くなっている。脚を狙ってくれ」と頼み，ビービはその通りにしました。いつの間にか，二人は助け合っていたのです。すると王は前のめりに倒れ，そこをキューが拳をこんしんの力で，しかし王の鼻の前1mmで寸止めすると，王は「俺が悪かった。もう弱い者いじめはしない。財宝も持っていけ」と降参しました。

　ビービは街の人たちに財宝を分け与え，キューにも「俺はこの街に残るよ。これはお前の分だ」と渡そうとしました。でもキューは受け取ろうとしません。そして「宝はこころの中にあるとわかったよ。勇気，優しさ，平常心，そして友達を信じることだったんだ」と言いました。

　キューは来た道を戻り，緑の街に帰ってきました。ちょうどお父さんとお母さん，そして妹が，家の大きな三角屋根を見上げているところで

> した。3人は「お帰りなさい，お兄ちゃん。家に入ってココアでも飲む？」と声をかけ，みんなでテーブルを囲みました。さて君は，この後キューがどんなお話をしたと思うかな？

(この寓話は，A君のプレイセラピーを担当した山田啓太先生と共に執筆した。ここに謝意を表したい)

◀ ま と め ▶

☐ 心理アセスメント報告書は，アセスメントから得られた理解を専門職やクライエントと共有するために作成される重要な書類である。「連携」「情報提供」「仮説検証」「推奨」「記録」などの機能を持っており，作成には専門性が必要とされる。

☐ その種類は，主に専門職向けとして「インテーク報告書」「心理検査報告書」「来談情報提供書」が，そして主にクライエント向けとして「文書によるフィードバック」「子どもへの寓話を通したフィードバック」がある。

☐ クライエントが「申し込み票」に記入するのは，悩みの端的な一部分である。またインテーク面接で語る順番と実際の時系列が一致しないことも多い。査定者は，面接で語られた悩みのエッセンスを言語化し，得られた情報を再構成して時系列に並び替えることで，わかりやすい報告書を作成することができる。

☐ 「来談情報提供書」には，医療機関など他機関を紹介する理由を記す。

☐ 「クライエントへの文書によるフィードバック」と「子どもへの寓話を通したフィードバック」では，治療的アセスメントの過程で話し合われたアセスメント結果とそこで生じた体験，そしてクライエントの変化と成長を記述する。

◀ より進んだ学習のための読書案内 ▶

Lichtenberger, E. O., Kaufman, A. S., Kaufman, N. L., & Mather, N. (2004). *Essentials of Assessment Report Writing*. New Jersey: John Wiley & Sons, Inc. (上野一彦・染木史緒 (訳) (2008).『エッセンシャルズ心理アセスメントレポートの書き方』日本文化科学社)

☞心理アセスメント報告書の目的，形式，そして文体についてわかりやすくまとめられたテキスト。WISC など特別支援教育におけるアセスメントが中心であるが，行動観察も含め明示されたガイドラインは，医療・福祉・司法など他領域にも適用できる。

近藤直司（2012）．『医療・保健・福祉・心理専門職のためのアセスメント技術を高めるハンドブック―ケースレポートの方法からケース検討会議の技術まで』明石書店

☞児童・思春期を専門とする精神科医である著者が，アセスメント過程を「情報-理解・解釈・仮説-対応・方針」と定義し，報告書作成とケース検討の技術について具体的な書式とともに解説している。

引用文献

[A]

Allport, G. W. (1937). *Personality: A psychological interpretation*. New York: Holt. (詫摩武俊・青木考悦・近藤由紀子・堀正 (訳) (1982). パーソナリティ——心理学的解釈　新曜社)

Allyn, J. B. (2012). *Writing to clients and referring professionals about psychological assessment results: A handbook of style and grammar*. New York, NY: Routledge/Taylor & Francis Group.

天野直二 (2010). 老いを迎えてのこころと脳. 福田正人(編)こころの科学 150　こころと脳の科学. 日本評論社 pp.21-26.

America Psychiatric Association. (2013). *Diagnostic and statistical manual of mental disorders* (5th ed.). Washington, DC: American Psychiatric Association. (日本精神神経学会(監修) 髙橋三郎・大野裕(監訳) (2014). DSM-5 精神疾患の診断・統計マニュアル　医学書院)

American Psychological Association. (2010). Ethical principles of psychologists and code of conduct. Retrieved from http://apa.org/ethics/code/index.aspx

Antoine de Saint-Exupéry (1943). *Le Petit Prince*. New York: Reynal & Hitchcock. (内藤濯 (訳) (2000). 星の王子さま——オリジナル版　岩波書店)

青木佐奈枝 (2013). 色彩投映反応の解釈仮説再考：反応特徴の検討を中心に. 心理臨床学研究, **31**(4), 586-596.

荒川歩 (2012). 人物コラム ゴルトン. サトウタツヤ・鈴木朋子・荒川歩(編著) 心理学史　学文社　p.21.

Aschieri, F., & Smith, J.D. (2012). The Effectiveness of Therapeutic Assessment With an Adult Client: A Single-Case Study Using a Time-Series Design. *Journal of Personality Assessment*, **94**(1), 1-11.

[B]

Bender, L. (1938). *A visual-motor Gestalt test and its clinical use*. American Orthopsychiatric Association Monograph Series Number 3. NY: American Orthopsychiatric Association.(髙橋省己 (訳) (1969). BGT 視覚・運動ゲシュタルト・テストとその臨床的使用　三京房)

Bernreuter, R. G. (1931). *The Personality Inventory*. Palo Alto, CA: Consulting Psychologists Press.

Binet, A., & Simon, T. (1954). *La measure du development de L'intelligence chez les jeunes enfants*. (大井清吉・山本良典・津田敬子 (訳) (1977). ビネ知能検査法の原典　日本文化科学社)

Bruck, M., & Bond, F. W. (ed) (1998). *Beyond diagnosis: case formulation approaches in CBT*. New Jersey: Wiley. (下山晴彦 (監訳) (2006). 認知行動療法ケースフォーミュレーション入門　金剛出版)

[C]

Caplan, G. (1964). *Principles of Preventive Psychiatry*. New York: Basic Books.（新福尚武（監訳）(1970). 予防精神医学　朝倉書店）

Corey G., Corey M. S., & Callanan, P. (2003). *Issues & Ethics in the Helping Professions* (6th ed.) Pacific Grove, California: Brooks/Cole. （村本詔司（監訳）(2004). 援助専門家のための倫理問題ワークブック　創元社）

Conners, C. K. (2008). *Conners* 3rd ed. New York: MHS Inc.（田中康雄（訳）(2011). コナーズ3日本語版　金子書房）

[D]

Durand, V. M., & Barlow, D.H. (2006). *Essentials of Abnormal Psychology* (4th ed.) California: Tomson Wadsworth

[E]

Eells, T.D. (2007). *History and Current Status of Psychotherapy Case Formulation*. Handbook of psychotherapy case formulation (2nd ed.) (Eells, T.D. (Ed.)). New York: The Guilford Press. pp.3-32.

Engel, G.L. (1977). The need for a new medical model: a challenge for biomedicine. *Science*, **196** (No.4286), 129-136.

Exner, J. E. (1969). *The Rorschach System*. New York: Grune & Stratton.

Exner, J. E., (1986a). *The Rorschach: A Comprehensive System* vol. 1: *Basic Foundation* (2nd ed.). New Jersey: John Wiley & Sons, Inc.（高橋雅春・高橋依子・田中富士夫（監訳）(1991). 現代ロールシャッハ体系（上）　金剛出版）

Exner, J. E. (1986b). *The Rorschach: A Comprehensive System Volume 1: Basic Foundation* (2nd ed.). New Jersey: John Wiley & Sons, Inc.（高橋雅春・高橋依子・田中富士夫（監訳）(1991). 現代ロールシャッハ体系（下）　金剛出版）

Exner, J. E. (2000). *A Primer for Rorschach Interpretation*. New Jersey: John Wiley & Sons, Inc.（中村紀子・野田昌道（監訳）(2000). ロールシャッハの解釈　金剛出版）

Exner, J. E., & Bryant, E. (1974). Rorschach responses of subjects recently divorced or separated. Unpublished manuscript. New York: Rorschach Workshops.

Exner, J. E., & Leura (1975). Rorschach responses of recently foster placed children. Workshop study No. 238 (unpublished). Rorscahch Workshops.

[F]

Finn, S. E. (1996a). Assessment feedback integrating MMPI-2 and Rorschach findings. *Journal of Personality Assess*, **67**(3), 543-557.

Finn, S. E. (1996b). *Manual for Using the MMPI-II as a Therapeutic Intervention*. Minneapolis, Minnesota: The Regents of the University of Minnesota.（田澤安弘・酒木保（訳）(2007). MMPIで学ぶ心理査定フィードバック面接マニュアル　金剛出版）

Finn, S. E. (2007). *In our clients' shoes*. New Jersey: Lawrence Erlbaum Associates. （野田昌道・中村紀子（訳）(2014). 治療的アセスメントの理論と実践―クライエ

ントの靴を履いて 金剛出版)

Finn, S. E., Schroeder, D. G., & Tonsager, M. E., (1994). The Assessment Questionnaire-2 (AQ-2): A measure of client's experiences with psychological assessment. Brief report, unpublished manuscript.

Finn, S. E., & Tonsager, M. E., (1997). Information-gathering and therapeutic models of assessment: Complementary paradigms. *Psychological Assessment*, **9**(4), 374-385.

Finn, S. E., Fischer, C. T., & Handler, L., (2012). Collaborative/Therapeutic Assessment: Basic Concepts, History, and Research. Finn, S. E., Fischer, C. T., & Handler, L. (Ed.) *Collaborative/Therapeutic Assessment -A casebook and Guide-* New Jersey: Wiley & Sons. 1-24.

Fischer, C.T. (1985/1994). *Individualizing psychological assessment*. New Jersey: Lawrence Erlbaum Associates.

Folstein, M. F., Folstein, S. E., & McHugh, P. R. (1975). "Mini-Mental State." A practical method for grading the cognitive state of patients for the clinician. *Journal of Psychiatric Research*, **12**, 189-198.

Frank, L. K. (1939). Projective methods for the study of personality. *Journal of personality assessment*, **8**, 389-413.

藤城有美子・花村温子・津川律子 (2012). 「医療保健領域に関わる会員を対象としたウェブ調査」結果のご報告. 日本臨床心理士会雑誌 第21巻2号 日本臨床心理士会 pp.42-47.

藤原修一郎・守屋裕文 (2010). 臨床評価・臨床検査の医療経済.「臨床精神医学」編集委員会(編)臨床精神医学第39巻増刊号 精神科臨床評価検査法マニュアル(改訂版). pp.20-26.

福井義一・三宅由晃・岡崎剛・森津誠・遠山敏・山下景子・岡田信吾 (2011). ロールシャッハ・テストの父親・母親図版解釈仮説の図版選択法による検討, 心理学研究, **82**(3), 249-256.

古井景 (2003). 医師からみた臨床心理アセスメント 臨床心理学第3巻第4号 金剛出版 pp.486-493.

[G]

Galton, F. (1869). *Hereditary genius: An inquiry into its laws and consequences*. London: Macmillan/Fontana.

Galton, F. (1883). *Inquiries into Human Faculty and its Development*. London: Macmillan.

George, C., & West, M. L., (2012) . The Adult Attachment Projective Picture System -Attachment Theory and Assessment in Adults-. New York: Guilford Press.

Glaser, B. G., & Strauss. A. L. (1967). *The Discovery of Grounded Theory: Strategies for Qualitative Research*. Piscataway, New Jersey: Aldine Publishing Company. (後藤隆・大手春江・水野節夫 (訳) (1996). データ対話型理論の発見―調査からいかに理論をうみだすか 新曜社)

[H]

Handler, L. (2006). Therapeutic assessment with children and adolescents. In S. Smith & L. Handler (Ed.). *Clinical assessment of children and adolescents: A practitioner's guide*. NJ: Erlbaum & Associates. pp. 53-72

浜田恵 (2011). 性に対するネガティブな態度尺度の性差および信頼性・妥当性の検討. 心理臨床学研究, **30**(3), 344-354

Hanson, W. E., Claiborn, C. D., & Kerr, B. (1997). Differential effects of two test-interpretation styles in counseling: A field study. *Journal of Counseling Psychology*, **44**, 400-405.

Harvey, V. S. (1997). Improving Readability of Psychological Reports. Professional Psychology. *Reserch and Practice*, **28**, 271-274

長谷川和夫・井上勝也・守屋国光 (1974). 老人の痴呆審査スケールの一検討. 精神医学, **16**, 956-969.

橋本幸子 (2013). アセスメント介入セッション：事例報告. 治療的/協働的アセスメント研究会（札幌学院大学社会連携センター）10月例会 配付資料.

橋本忠行 (2005). Therapeutic Assessment の実際. 札幌学院大学心理臨床センター紀要 **5**, pp.37-56.

橋本忠行 (2012a). 治療的アセスメントとロールシャッハ・フィードバック・セッション. 野島一彦(監修)/吉岡久美子・本山智敬(編著) 心理臨床のフロンティア: 若手臨床家の多様な実践と成長 創元社 pp.146-155.

橋本忠行 (2012b). 治療的/協働的アセスメント(CTA)の概要と研究法. 日本心理臨床学会第31回大会(愛知学院大学)自主シンポジウム「治療的アセスメントについて考える(その4)」配付資料

橋本忠行・安岡譽 (2012). ひきこもり青年とのロールシャッハ・フィードバック・セッション―グラウンデッド・セオリー・アプローチによるクライエント体験の検討. 心理臨床学研究, **30**(2), 205-216.

橋本忠行・坂中正義 (2012). 治療的アセスメントにおけるクライエントとセラピストの相互作用-SEQ-5, AQ-2, EXPスケールによる検討.日本人間性心理学会第31回大会(宇部フロンティア大学)プログラム・発表論文集. pp.92-93.

Hathaway, S. R., & J. C. McKinley. (1940). A multiphasic personality schedule (Minnesota): I. Construction of the schedule. *Journal of Psychology* **10**, 249-254.

Hogan, T. P. (2007). *Psychological Testing: A practical Introduction*. New Jersey: John Wiley & Sons, Inc.(繁桝算男・椎名久美子・石垣琢麿 (共訳) (2010). 心理テスト―理論と実践の架け橋― 培風館)

法務省法務総合研究所 (2012). 犯罪白書〈平成24年版〉刑務所出所者等の社会復帰支援 日経印刷

法務省 (2013). 少年院法及び少年鑑別所法の施行に伴う関係法律の整備等に関する法律案. 国会提出主要法案第180国会. (http://www.moj.go.jp/kyousei1/kyousei08_00030.html)

[I]

井手正吾 (2014). MMPIの臨床と研究―心理診断から研究へ(補遺)―. 札幌学院大学心理臨床センター紀要 14.

引用文献

池田豊應(1995).心理テストによるアセスメント.野島一彦(編著).臨床心理学への招待 ミネルヴァ書房 pp.77-88.

今中俊爾(2003).診断.医学書院医学大事典 医学書院 p.1277.

井上弘寿・井上かな・加藤敏(2012).DSM-5 ドラフト(2011 年 6 月版)における「パーソナリティ障害」.臨床精神医学,**41**(5) 精神科診断分類の改訂にむけて―DSM-5 の動向.アークメディア.p.669-684.

井上雅彦(2013).ライフステージを踏まえた支援のためのアセスメント.臨床心理学,**13**(4) 金剛出版 484-486.

伊藤亜矢子 (2008). スクールカウンセリング.下山晴彦・松澤広和(編)実践心理アセスメント.こころの科学 Special Issue 2008. 日本評論社 pp.88-93.

岩田泰秀(2014).統合失調症スペクトラムおよび他の精神病性障害.森則夫・杉山登志郎・岩田泰秀(編著).臨床家のための DSM-5 虎の巻.日本評論社 pp.64-73.

井沢功一朗・大野裕・浅井昌弘・小此木啓吾 (1995). ミロン臨床多軸目録-II 境界性スケール短縮版の構成とその妥当性・信頼性の検証.精神科診断学,**6**, 473-483.

[J]

Jobs, S. (2005). Text of Steve Jobs' Commencement address. http://news.stanford.edu/news/2005/june15/jobs-061505.html.

[K]

皆藤章(1994). 風景構成法と他技法との比較.風景構成法―その基礎と実践 創元社 pp.209-243.

神谷栄治(2000). 診断と見立ての枠組み―DSM と ICD をめぐって.氏原寛・成田善弘(共編)臨床心理学②診断と見立て 心理アセスメント.培風館 pp.50-66.

金谷弘美(2004). 風景構成法と人格目録法の関連性に関する研究――女子青年を対象として

神田橋篠治 (2005).第一回福岡精神医学研究会講演記録双極性障害の診断と治療―臨床医の質問に答える.臨床精神医学,**34**(4). 471-486.

神田橋條治 (2013).神田橋條治 医学部講義,創元社

狩野広之(1958). 労研パーソナリティテストの標準化について.労働科学,**34**(11), 939-944.

片口安史(1969). テスト・バッテリー 事例を用いての考察 片口安史,秋山誠一郎,空井健三(編)臨床心理学講座 第 2 巻 人格診断 誠信書房 pp.226-250.

片口安史 (1987). 新・心理診断法 金子書房

加藤伸司・下垣光・小野寺敦志・植田宏樹・老川賢三・池田一彦・小坂敦二・今井幸充・長谷川和夫 (1991).改訂長谷川式簡易知能評価スケール(HDS-R)の作成.老年精神医学雑誌, **2**(11), 1139-1347.

加藤伸司 (1996).老年精神医学関連領域で用いられる測度 質問紙式による認知機能障害の評価測度(1). 老年精神医学雑誌, **7**(9), 1037-1044.

河合隼雄 (1969). 臨床場面におけるロールシャッハ法 岩崎学術出版社

Kernberg, O. (1980). *Internal World and External Reality*. New York: Jason Aronson.

菊池道子 (2000).テスト・バッテリーについて.氏原寛・成田善弘(共編)臨床心理学②診断と見立て 心理アセスメント 培風館 pp.121-132.

Kimura, H., Osaki, A., Kawashima, R., Inoue, T., Nakagawa, S., Suzuki, K., Asakura, S., Tanaka, T., Kitaichi, Y., Masui, T., Kitagawa, N., Kako, Y., Abekawa, T., Kusumi, I., Yamanaka, H., Denda, K., & Koyama, T.（2013）. Differences between bipolar and unipolar depression on Rorschach testing. *Neuropsychiatric Disease and Treatment*, **2013**(9), 619-627.

吉良安之・田村隆一・岩垂七重・大石英史・村山正治(1992). 体験過程レベルの変化に影響を及ぼすセラピストの応答—ロジャースのグロリアとの面接の分析から. 人間性心理学研究. **10**(2), 71-90.

木谷秀勝・山口真理子・高橋賀代・川口智美（2007）. WISC-IIIの臨床的活用について—双方向的な視点を取り入れた実践から. 山口大学教育学部附属教育実践総合センター研究紀要, **23**, 143-150.

小林万洋（2008）. 少年鑑別所. 実践心理アセスメント こころの科学 Special Issue 2008. 日本評論社 pp.102-111.

小堀彩子（2009）. 生物—心理—社会モデル. 下山晴彦編 よくわかる臨床心理学改訂新版 ミネルヴァ書房 pp.36-37

児玉省・品川不二郎・印東太郎（1958）. WAIS成人知能診断検査法 日本文化科学社

Korchin, S. J.（1976）. *Modern Clinical Psychology*. New York: Basic Books.（村瀬孝雄（監訳）(1980). 現代臨床心理学—クリニックとコミュニティにおける介入の原理 弘文堂）

厚生労働省（2007）. 児童相談所運営指針の改正について 平成19年10雇児発第1026003号

厚生労働省（2006）. 診療報酬の算定方法の制定等に伴う実施上の留意事項について 保医発第0306001号

厚生労働省（2012）. 入院処理ガイドライン

厚生労働省（2014）. 診療報酬の算定方法の一部を改正する件(告示) 平成26年厚生労働省告示第57号

厚生労働省診療報酬調査専門組織医療技術評価分科会（2014）. 医療技術の評価 平成26年1月22日中医協総 1-3

小山充道（2003）. 現場における心理アセスメント. 臨床心理学, **3**(4) 金剛出版 477-485.

久保田あや子・窪島務（2007）. 発達性ディスレクシアのアセスメントにおけるRey-Osterrieth複雑図形(ROCF)の有効性の検討—小学生におけるROCFの発達的変化と書字エラーとの関連. パイデイア：教育実践研究指導センター紀要, **15**, 65-77.

窪田由紀（2011）. スクールカウンセリングにおける緊急支援—事件・事故・犯罪被害・自殺後の対応を中心に—. 村山正治・森岡正芳(編). スクールカウンセリング—経験知・実践知とローカリティー. 金剛出版 pp.94-98.

[**L**]

Lance, B. R., & Krishnamurthy, R.（2003）. A Comparison of three models of MMPI-2 test feedback. Paper presented at the annual meeting of the Society for Personality Assessment, San Francisco, CA.

Lichtenberger, E. O., Kaufman, A. S., Kaufman, N. L., & Mather, N.（2004）. *Essentials of Assessment Report Writing*. New Jersey: John Wiley & Sons, Inc.(上野一彦・染木史緒（翻訳）(2008). エッセンシャルズ心理アセスメントレポートの書き方 日本文化科学社)

Lorenz, K. Z. (1949/1952). *King Solomon's Ring; ; new light on animal ways*. New York, NY: Crowell.(日高敏隆（訳）(1963/2006). ソロモンの指環～動物行動学入門　早川書房)

Loranger, A.W., Sartorius, N., Andreoli, A., Berger, P., Buchheim, P., Channabasavonna, S.M., Coid, B., Dahl, A., Diekstra, R.F. W., Ferfson, B., Jacobsberg, L.B., Mombour, W., Pull, C., Ono, Y. & Reiger, D. A. (1994). The International Personality Examination. The World Health Organization/ Alcohol, Drug Abuse and Mental Health Administration international pilot study of personality disorders. *Archive of General Psychiatry*, **51**, 215-224.

[**M**]

Matarazzo, J. D. (1990). Psychological assessment versus psychological testing : Validation from Binet to the, school, clinic, and courtroom. *American Psychologist*, **45**, 99.

松澤広和 (2008). 報告書の書き方. 実践心理アセスメント こころの科学 Special Issue 2008　日本評論社　pp.25-28.

Meyer, G.J., Finn, S.E., Eyde, L., Kay, G.G., Morerand, K.L., Dies, R.R. et al. (2001). Psyological testing and psychological assessment. *American Psychologist*, **56**, 128-165.

Meyer, G.J., Viglione, D. J., Mihura, J. L., Erad, R. E., & Erdberg, P. (2011). *Rorshach Performance Assessment System: Administration, Coding, Interpretation, and Technical Manual.* Rorshach Perfomance Assessment System, INC.

三木浩司 (2013). 操作的診断基準の30年. 特定非営利活動法人九州大学 こころとそだちの相談室こだち News, **15**, 1.

宮田敬一(1994). ブリーフセラピーの発展. 宮田敬一(編) ブリーフセラピー入門　金剛出版　pp. 11-25.

Morgan, C.D., & Murray, H.A.(1935). *A method for investigating phantasies: the Thematic Apperception Test*. Arch. and Psychiatry. pp.289-306.

森則夫・杉山登志郎 (2014). DSM-5の全体構成. 森則夫・杉山登志郎・岩田泰秀(編著). 臨床家のためのDSM-5虎の巻　日本評論社　pp.2-7.

森省二・桑原照茂(2004). 病態水準論(精神病/境界例/神経症). 心理臨床大事典 改訂版　培風館　pp. 766-771.

森谷寛之(1983). 枠づけ効果に関する実験的研究：バウム・テストを利用して. 教育心理学研究, **31**(1), 53-58.

村山正治(1998). 新しいスクールカウンセラー――臨床心理士による活動と展開. ナカニシヤ出版

[**N**]

中井久夫(1970). 精神分裂病者の精神療法における描画の使用―とくに技法の開発によって作られた知見について. 芸術療法, **2**, 77-90.

中井久夫 (1971). 描画をとおしてみた精神障害者　とくに精神分裂病者における心理的空間の構造. 芸術療法, **3**, 37-51.

中井久夫 (1974). 枠づけ法覚え書. 芸術療法, **5**, 15-19.

中井久夫 (1982). 精神科治療の覚書　日本評論社

中井久夫 (1992). 風景構成法. 精神科治療学, **7**(3), 237-248.

中井久夫 (1998). 最終講義　みすず書房

仲倉高広 (2013). 医療の専門家のなかの臨床心理士――大阪医療センター臨床心理室の紹介. 心理臨床の広場, **5**(2), 30-31. 日本心理臨床学会

中村淳子・大川一郎 (2003). 田中ビネー知能検査開発の歴史. 立命館人間科学研究, **6**, 93-111.

Nakamura, S., & Nakamura, N. (1987). Family Rorschach technique. *Rorschachiana*, **16**, 136-141.

中村紀子 (1995). 現代のロールシャッハ・テスト―包括システム(エクスナー法). 空井健三(編集)　精神医学レビュー No.17 ロールシャッハテスト. ライフ・サイエンス 21-28.

中村紀子 (2013). 特別講演 Nonjudgmental Rorschach-Based Psychotherapy : "あるがまま"を支える Rorschach-Based Psychotherapy. 包括システムによる日本ロールシャッハ学会機関誌 (特別号), 45-60.

中村紀子・中村伸一 (1999). ロールシャッハ・フィードバック・セッション(Rorschach Feedback Session: RFBS)の方法と効用. 精神療法, **25**(1), 31-38. 金剛出版

中村紀子(監修)・大関信隆(製作) (2010). ロールシャッハ・テスト Sweet Code コーディング・システム　金剛出版

長岡千賀・佐々木玲仁・小森政嗣・金文子・石丸綾子 (2013). 行動指標を用いた心理臨床の関係性に関する定量的検討：描画法施行場面を題材として. 対人社会心理学研究, **13**, 31-40.

成田善弘 (2000). 第2章　精神科医の立場から. 氏原寛・成田善弘(共編) 臨床心理学②診断と見立て [心理アセスメント]. 培風館 pp.21-34.

那須秀行 (2009). 風景構成法における付加物について：描き手の体験の語りから. 佛教大学大学院紀要, 教育学研究科篇, **37**, 109-126.

Nezu, A.M., Nezu, C.M., & Cos, T.A. (2007). Case Formulation for the Behavioral and Cognitive Therapies — A Problem-Solving Perspective. Eells, T.D.(Ed.)*Handbook of psychotherapy case formulation*(2nd ed.) New York: The Guilford press pp. 349-478.

Nichols, D. S. (2001). *Essentials of MMPI-2 Assessment*. New Jersey: John Wiley & Sons, Inc.

日本臨床心理士会 (2009). 一般社団法人日本臨床心理士会倫理綱領. http://www.jsccp.jp/about/pdf/ata_5_rinrikouryo20120704.pdf

日本臨床心理士会第7期倫理委員会編 (2009). 日本臨床心理士会倫理ガイドライン　日本臨床心理士会

日本臨床心理士会第1期医療保健領域委員会編・津川律子責任編集 (2012). 臨床心理士のための医療保健領域における心理臨床.　遠見書房

日本精神神経学会精神科病名検討連絡会 (2014). DSM-5病名・用語翻訳ガイドライン(初版). 精神神経学雑誌 第116巻 第6号. 429-457

引用文献

[O]

岡野憲一郎・波田野茂幸 (2013). 病院実習等における実習指導の諸問題とその改善策. 一般社団法人日本臨床心理士会雑誌, **75**, 87-88.

小笠原昭彦 (2003). 心理テスト査定論. 岡堂哲雄(編) 臨床心理学全書第2巻臨床心理査定学　誠信書房　pp.203-290.

押切久遠 (2012). 医療観察制度の概要と保護観察所の役割. 日本臨床心理士会雑誌, **21**(2), p.30-32. 日本臨床心理士会

[P]

Plomin, R., DeFries, J. C., McClearn, G. E., & McGuffin, P. (2001). *Behavioral genetics*. (4th ed.) New York: Freeman

Popplestone, J. A., & McPherson, M. W. (1999). *An illustrated history of American psychology*. Akron, Ohio: The university of Akron Press. (大山正 (監訳)(2001). 写真で読むアメリカ心理学のあゆみ. 新陽社)

Poston, J. M., & Hanson, W. M. (2010). Meta-analysis of psychological assessment as a therapeutic intervention. *Psychological Assessment*, **22**, 203-212.

[R]

Rorschach, H. (1921). *Psychodiagnostik*. Bern: Bircher. (鈴木睦夫 (訳)(1998). 新・完訳精神診断学 付 形態解釈実験の活用. 金子書房)

[S]

阪口木綿子 (1992). テスト・バッテリー. 氏原寛・小川捷之・東山紘久・村瀬孝雄・山中康裕(編). 心理臨床大事典　培風館　pp.588-589.

佐々木玲仁 (2007). 風景構成法に顕れる描き手の内的なテーマーその機序と読み取りについて. 心理臨床学研究, **25**(4), 431-443

佐々木玲仁 (2012). 風景構成法のしくみ: 心理臨床の実践知をことばにする　創元社

Schacter, D. L., Gilbert, D. T., & Wegner, D. M. (2009). *Psychology*. New Yolk: Worth Publisher.

Schroeder, D. G., Hahn, E. D., Finn, S. E., & Swann, W. B., Jr. (1993). Personality feedback has more impact when mildly discrepant from self-views. *Paper presented at the fifth annual convention of the American Psychological Society, Chicago, IL.*

Shneidman, E. S. (1953). Some relationships between the Rorschach technique and other psychodiagnostic tests. *Developments in the Rorschach technique*, vol.II. New York: Brace & World.

柴田恵津子 (2013). 学校におけるアセスメントとコンサルテーションとは. 村瀬嘉代子(監修) 東京学校臨床心理研究会(編) 学校が求めるスクールカウンセラー―アセスメントとコンサルテーションを中心に　遠見書房

下山晴彦 (2008). 臨床心理アセスメント入門―臨床心理学は、どのように問題を把握するのか　金剛出版

下山晴彦 (2009). アセスメントとは何か　下山晴彦(編) よくわかる臨床心理学改訂新版　ミネルヴァ書房　pp.40-41.

Smith, L. B. (2013). International Society for Rorschach web cite (http://www.rorschach.com)Top Page. (訳:包括システムによるロールシャッハ学会ホームページ http://www.jrscweb.com/isr2013-12-10.html)

Spock, B. (1946). *The Common Sense Book of Baby and Child Care*. New York: Duell, Sloan and Pearce. (高津忠夫(監修) (1966). スポック博士の育児書 暮しの手帖社)

Stern, W. (1914). *The psychological methods of testing intelligence*(G. M. Whipple, Translated). Baltimore: Warwick & York.

Stern, W. (1930). William Stern. In Murchison, C. (Ed.), *History of psychology in autobiography*, Vol.1, 355-387. Massachusetts: Clark University Press.

Sullivan, H. S. (1953). *The Interpersonal Theory of Psychiatry*. New York・London: W. W. Norton & Company. (中井久夫・宮崎隆吉・高木敬三・鑪幹八郎(訳) (1990). 精神医学は対人関係論である みすず書房.)

杉若弘子・依田麻子(2001). 第一章 心理アセスメント序説. 上里一郎(監修)心理アセスメントハンドブック第2版 pp.3-7.

鈴村眞理 (2010). 子どもの教育を包括的に考える―包括的スクールカウンセリングの概念. 包括的スクールカウンセリングの理論と実践―子どもの課題の見立て方とチーム連携のあり方. 金子書房 pp.61-77.

鈴村眞理 (2013). 子どもの困りごとを巡って―アセスメントと対応⑤発達のアンバランス. 村瀬嘉代子(監修)東京学校臨床心理研究会(編), 学校が求めるスクールカウンセラー―アセスメントとコンサルテーションを中心に 遠見書房 pp.107-116.

鈴木朋子 (2012). 問題24 戦争と心理学はどのような関係があったか. サトウタツヤ・鈴木朋子・荒川歩(編著)心理学史. 学文社 pp.60-61.

[**T**]

田嶌誠一 (2003). 心理援助と心理アセスメントの基本的視点 臨床心理学 3(4) 金剛出版 pp.506-517

髙橋靖恵 (2012). コンセンサスロールシャッハ法―青年期の心理臨床実践にいかす家族関係理解― 金子書房.

高石浩一 (2009). 学校臨床のアセスメント. 滝口俊子・高石浩一 学校臨床心理学特論 放送大学教育振興会 pp.171-182.

高山直樹(2009).自立生活支援の考え方. 社団法人日本社会福祉士会(編) 新社会福祉援助の共通基盤・上・第2版 中央法規 pp.155-166..

Terman, L. M., (1916). *The measurement of intelligence*. Boston: Houghton Mifflin.

田中富士夫 (2001). MMPI. 上里一郎(監修) 心理アセスメントハンドブック第2版. 西村書店 pp.97-110..

田中貫一 (1936). B式智能検査法指針. 藤井書店

田中貫一 (1947). 田中びねー式智能検査法. 世界社

Tharinger, D. J., Finn, S. E., Austin, C., Gentry, L, Bailey, E., Parton, V., & Fisher, M. (2008a). Family sessions in psychological assessment with children: Goals, techniques, and clinical utility. *Journal of Personality Assessment*, **90**, 547-558.

Tharinger, D. J., Finn, S. E., Wilkinson, A., DeHay, T., Parton, V. T., Bailey, K., & Tran, A.

(2008b). Providing psychological assessment feedback to children through individualized fables. *Professional Psychology: Research and Practice*, **39**(6), 610-618.

Tharinger, D. J., Finn, S. E., Arora, P., Judd-Glossy, L, Ihorn, S. M., & Wan, J. T. (2012). Therapeutic Assessment With Children: Intervening With Parents "Behind the Mirror". *Journal of Personality Assessment*, **94**(2), 111-123.

津川律子 (2009). 精神科臨床における心理アセスメント入門　金剛出版

塚本優子・前原寛子・有木永子・中村紀子 (2010). 外来患者に対するロールシャッハ・フィードバック・セッション(RFBS)の臨床的意義. 包括システムによる日本ロールシャッハ学会誌, **14**(1), 39-52.

[U]

上野一彦 (2005). 心理アセスメント概論. 上野一彦・海津亜希子・服部美佳子(編) 軽度発達障害の心理アセスメント　日本文化科学社　pp.1-16.

上野一彦 (2007). 特別支援教育概論 I:軽度発達障害の理解. S.E.N.S 養成セミナー特別支援教育の理論と実践 I.概論・アセスメント　金剛出版　pp.15-31.

上野一彦 (2012). 最新版 WISC-IV. 臨床心理学, **12**(5), 金剛出版　733-737.

上野一彦 (2013). 日本版 WISC-IV テクニカルレポート #4:保護者など非専門家に WISC-IV の結果をどこまで報告できるか―換算アシスタントの出力レポートに関連して. http://www.nichibun.co.jp/kobetsu/technicalreport/wisc4_tech_4.pdf. 日本文化科学社

内海　健 (2012). 精神科臨床における誤診―診断は治療の下僕である. こころの科学, **164**, 25-30.

[V]

VandenBos, G. R., (2007). *APA Dictionary of Psychology*. The American Psychological Association. (繁桝算男・四本裕子(監訳) (2013). APA 心理学大辞典. 培風館)

[W]

若林明雄・東條吉邦・Simon Baron-Cohen・Sally Wheelwright (2004). 自閉症スペクトラム指数(AQ)日本語版の標準化―高機能臨床群と健常成人による検討. 心理学研究. **75**(1), 78-84.

Wechsler, D., (1958). *Measurement and Appraisal of Adult Intelligence*. Baltimore: Williams & Wilkins.(茂木茂八・安富利光・福原真知子 (訳). (1972).　成人知能の測定と評価　日本文化科学社)

Wechsler, D. (1991). *Wechsler Intelligence Scale for Children- Third Edition*. The Psychological Corporation, U.S.A.(日本版 WISC-III 刊行委員会　(訳編著) (1998). 日本版 WISC-III 知能検査法　日本文化科学社)

Wechsler, D. (2003). *Wechsler Intelligence Scale for Children-fourth Edition*. The Psychological Corporation, U.S.A.(日本版 WISC-IV 刊行委員会　(訳編著) (2010). 日本版 WISC-IV 実施・採点マニュアル　日本文化科学社.)

Weiner, I. B., & Greene, R. L. (2008). *Handbook of Personality Assessment*. New

Jersey: John Wiley & Sons, Inc.

White, M. (1989). *Selected Papers*. Adelade: Dulwich Centre Publications.

WHO (2001). *International Classification of Functioning*. Disability and Health. (ICF 国際生活機能分類―国際障害分類改訂版. 障害者福祉研究会（編集・訳）(2002). 中央法規)

Wing, L. (1981). Language, social and cognitive impartments in autism and serere mental retandation. *Journal of Autism and Developmental Disorders*, **10**, 31-44.

Woodworth, R. S. (1919). Examination of emotional fitness for warfare. *Psychological Bulletin*, **16**, 59-60.

World Health Organization (2003). *The ICD-10 classification of mental and behavioural disorders: Clinical descriptions and diagnostic guidelines*. Geneva: World Health Organization.（融 道男・小見山 実・大久保義朗・中根允文・岡崎祐士（監訳）(2005). ICD-10 精神および行動の障害―臨床記述と診断ガイドライン　医学書院）

[Y]

矢野喜夫 (1994). 個人差と個性の研究. 梅本堯夫・大山正（編著）心理学史への招待―現代心理学の背景. サイエンス社　pp.161-182.

矢田部達郎（監修）(1962). 心理学初歩 三訂版　培風館

養老孟司 (2004). 運のつき 死からはじめる逆向き人生論　マガジンハウス

索　引

人名索引

印東太郎　54
ウィットマー（Witmer, L.）　45
ウェクスラー（Wechsler, D.）　12, 51
上野一彦　29, 50
ヴェルトハイマー（Wertheimer, M.）　75
ウェルニッケ（Wernicke, C.）　72
内田勇三郎　64
ウッドワース（Woodworth, R. S.）　57
ヴント（Wundt, W.M.）　44
エクスナー（Exner, J. E.）　62, 64, 67
エリクソン（Erikson, E. H.）　28
エルドバーク（Erdberg, P.）　67
オルポート（Allport, G. W.）　57
片口安史　64, 86
ガードナー（Gardner, H.）　28
カプラン（Caplan, G.）　13
河合隼雄　64
神田橋條治　124
カーンバーグ（Kernberg, O.）　22
キャッテル（Cattell, J. M.）　45
クロッパー（Klopfer, B.）　63, 64
コウリー（Corey, G.）　173
児玉省　54, 113
コーチン（Korchin, S. J.）　2, 48, 73
コッホ（Koch, K）　71
コナーズ（Conners, C. K.）　33
ゴールトン（Galton, F.）　42
サリバン（Sullivan, H. S.）　164
サリンジャー（Tharinger, D. J.）　195
品川不二郎　54
下山晴彦　3
シモン（Simon, T.）　47, 49
シャクター（Schacter, D. L.）　48
シュテルン（Stern, W.）　49, 51, 56
シュナイドマン（Shneidman, E. S.）　82
シュローダー（Schroeder, D. G.）　173
鈴村眞理　29
スピアマン（Spearman, C.）　51
スミス（Smith, J. D.）　10
ダーウィン（Darwin, C. R.）　42
田中貫一　55
田中富士夫　59
ターマン（Terman, L. M.）　49, 50
デュランド（Durand V. M.）　7
戸川行男　114
トンセイジャー（Tonsager, M. E.）　162
中井久夫　2, 71, 151
ネズ（Nezu, A. M.）　98
バーグ（Berg, E. A.）　77
バック（Buck, J.）　71
林勝三　114
バーロウ（Barlow, D. H.）　7
ピアジェ（Piaget, J.）　28, 51
ピオトロフスキー（Piotrowski, Z .A.）　63
ビネー（Binet, A.）　47, 49
フィッシャー（Fischer, C. T.）　160
フィン（Finn, S. E.）　90, 160, 162, 167
フォルスタイン（Folstein, M. F.）　77
ブラニガン（Brannigan, G. G.）　76
フランク（Frank, L. K.）　63, 69
ブロイラー（Bleuler, E.）　62
ブローカ（Broca, P.）　72
ベック（Beck, S.J.）　63, 65
ヘルツ（Hertz, M.）　63
ベンダー（Bender, L.）　75
ホーガン（Hogan, T. P.）　55, 72
ボールビィ（Bowlby, J.）　28
マレイ（Murray, H.A.）　4, 63, 71, 73, 82

ミロン(Millon, T.)　61, 110
メイヤー(Meyer, G. J.)　68
モルガン(Morgan, C.)　63
ヤーキズ(Yerkes, R. M.)　54
養老孟司　124
ラパポート(Rapaport, D.)　63, 71, 82

リヒテンバーガー(Lichitenberger, E. O.)　198, 200
ローゼンツヴァイク(Rosenzweig, S.)　71
ロールシャッハ(Rorscahch, H.)　61

事項索引

◆数字・欧文
AQ-J　108
BDI-II　99
CDT　139
CMI　86
Conners-3　33, 217
DSM-5　104
EXP 尺度　181, 183
HTP 描画法　71
In Vivo　176
IQ　164, 180
K-ABC　30, 217
LD　29
MAS 顕在性不安尺度　86
MCMI-II 境界性スケール短縮版　61
MMPI　59, 60, 65, 81, 83, 86, 87, 89, 113, 141, 213
MMSE　77, 83, 139
PDCA サイクル　98
P-F スタディ　71, 85, 86, 114, 146
POMS　34
Rey-Osterrieth 複雑図形　76
R-PAS　67
SCT　86
S-HTP 描画テスト　217
TAT　63, 70, 82, 85, 114, 144, 170
TEG　34, 141
WAIS　52, 83, 86, 139
WHO（世界保健機関）　95
Wing の三つ組み　107
WISC　10, 54, 77, 139, 217
WMS-R　77, 139
WPPSI　54

Y-G 性格検査　86, 141

◆あ 行
アセスメント　4
　——の妥当性　116
アセスメント介入セッション　170
閾値　45
逸脱　2
一般知能　51
意図的行動観察　35
医療観法　24
医療行為の分類（ICHI）　95
インテーク報告書　204
インフォーマルなアセスメント　3
インフォームド・コンセント　12, 112, 184
ウィスコンシン・カード分類検査　77
ウェクスラー・ベルビュー尺度　52
氏か育ちか　43
内田クレペリン検査　86
ウッドワース人事テスト　57
援助方針会議　113
オーティス・レノン学力テスト　55
オーティス即時得点化心理能力テスト　55

◆か 行
絵画統覚検査　63
外在化　193
鏡の後ろから技法　190
拡大質問　169
家族画　192
家族の観察自我　190

索　引　　　　　　　　　　　　　　　　　　　　　**241**

カップルの心理療法　90
家庭裁判所　34
可変性　127
関係アセスメント　94
鑑別　35
鑑別結果通知書　36
関与しながらの観察　164
技術者　215
基準関連妥当性　179
気分変調症　166
技法の絶対視　157
基本的倫理（責任）　8
教育的配慮にもとづくアセスメント　32
境界例水準　22
共感ルーペ　164
共感的な行動観察　201
教研式学年別知能検査　55
きょうだい　43
京大 NX 式知能検査　55
協働　160, 187
共同注視　186
協働的アセスメント　160
寓話　162, 193, 222
具象イメージ　140, 143, 145, 146, 147
クライエントの問い　165, 177, 187
クライエントへの文書　217
グラウンディッド・セオリー・アプローチ　188
クラスター解釈　66
ゲシュタルト心理学　75
ケース・フォーミュレーション　97, 206
結果変数　99
言語的因子　53
言語連想法　142
検査情報の公開　10
検診　108
広義の治療的アセスメント　160
高次脳機能障害　72
構造化されたテスト　71
構造化されていないテスト　71

行動観察　115, 198
広汎性発達障害日本自閉症協会評定尺度　103
国際疾病分類（ICD）　95, 105
国際生活機能分類（ICF）　95
国際パーソナリティ障害診断面接　61
国際ロールシャッハ学会　14
個人外差　39
個人内差　29, 39
個性の研究　56
コーチング　193
骨相学　72
言葉　140, 145, 147
子どもと家族の治療的アセスメント　191, 217
個別化　160
個別性　1
コホート研究　56
コンサルテーション　27
コンセンサス・ロールシャッハ　193
コンセンサス TAT　193

◆さ　行
再帰的な枠組み　155
サイコドラマ　193
材質反応　66
再犯防止　205
再標準化　12
査定者　2, 216
時系列分析　181
思考障害　5
自殺企図　6
思春期解離体験尺度　104
自傷　6
質的分析法　188
質問紙法　82, 83
児童相談所　202
児童福祉法　113
児童養護施設　3
自閉症スペクトラム障害　83, 106, 206
嗜癖・フェティシズム　204
社会不安障害　105, 165, 166

ジャーゴン　199
主訴　202, 204, 214
守秘義務　167
受理会議　202
紹介理由　215
症候学　5
症状評価尺度　213
少年鑑別所法　37
少年法及び少年院法　34
消費者　156
情報収集的アセスメント　162
情報提供　198
職人技的知見　132
触法事例　202
心因　93
人格検査の特性と意識水準　82
人格心理学　57
進化論　42
神経症水準　22
神経心理学的アセスメント　71
神経性無食欲症　114
身体因　93
診断　4, 70, 83
心的外傷後ストレス障害　64, 92
心理アセスメント　1, 4, 98
心理アセスメント報告書　178, 200
心理検査の導入場面　168
心理検査報告書　207
診療報酬　102
推奨　199
スカウト　6
スクリーニング　89, 117
スクールカウンセラー　27, 105
スクールカウンセリング　94
鈴木ビネー・テスト　113
スタンフォード・ビネー式知能検査　52
スポック博士の育児書　159
刷り込み　206
生育歴　108, 200, 205, 206
精神機能統一論　49
精神測定　4

精神年齢　49
精神発達遅滞児　47
精神病水準　22
精神物理学　45
精神保健福祉士　202
生体内変数　99
生物-心理-社会モデル　91, 94
説明ループ　134
先行変数　99
戦略事務局　4, 70
双極性うつ群　85
双生児　43, 94
ソロモンの指輪　201

◆た　行
多軸診断　106
田中ビネー知能検査　55
単一次元尺度　58
単極性うつ群　85
短期療法　185
単純教示描画　143
遅延再生課題　77
知能指数　49
知能発達の水準　52
チーム医療　19, 91, 105, 199
抽象イメージ　140, 144, 145, 147
治療教育モデル　206
治療的アセスメント　87, 160, 162, 165, 215, 217
適応水準　24
テスト・バッテリー　81, 83, 86, 90, 168, 198
投映法　63, 69, 82, 83, 85
統合失調症　62, 83, 108, 115, 116
動作的因子　53
当事者　156
動物行動学　201
特性　57, 110, 112

◆な　行
内因　93
なぐり描き法　145

索　引

二重教示性　143
認知行動療法　98
認知症検査　77, 139
年齢尺度　48, 50
脳機能局在研究　72

◆は　行
陪席の作法　15
バウム・テスト　71, 122
箱庭療法　129
長谷川式簡易(知能)評価スケール　77, 138, 139
パーソナリティ　23, 56, 166
パーソナリティ障害　61, 110
汎化　180
半構造化された治療的アセスメント　161
判定会議　113
反応時間　45, 142
反応変数　99
バーンリューターによる人格検査　58
ビネー・シモン式知能検査　47
秘密保持　8
評価点　52
描画法　143, 213
比率IQ　49
フィードバックの手紙　162
風景構成法　71, 125, 129, 131, 143, 147, 148
フォーマルなアセスメント　3
付加物　148
複合教示描画　147
ブリーフセラピー　193
文献研究　135
文章完成法　85, 141
文脈依存性　127
併存的妥当性　173
偏差IQ　52
ベンダー・ゲシュタルト・テスト　75, 76
ベントン視覚記銘検査　76
包括システム　65, 85

◆ま　行
末梢変数　99
まとめと話し合いのセッション　172, 177, 183
見立てと方針　205, 206
ミネソタ多面人格目録　58
ミロン臨床多軸尺度　58, 61, 110
メタ分析　181
メニンガー財団/クリニック　70
メンタルテスト　45

◆や　行
ヤーキズによる陸軍式知能検査　54
予防精神医学　13

◆ら　行・わ
来談経路　202, 204
来談情報提供書　214
陸軍式知能検査β版　52
リバーミード行動記憶検査　139
臨床心理士倫理綱領　8
臨床的問題の原因地図　98
倫理ガイドライン　8
類型論　112
レイ聴覚言語学習検査　76
労研パーソナリティテスト　58
ロッター式文章完成法　71
ロールシャッハ・フィードバック・セッション　184
ロールシャッハ研究協議会　67
ロールシャッハ法(ロールシャッハ・テスト)　61, 71, 81, 82, 83, 85, 86, 87, 89, 122, 125, 144, 179, 213
ワルテッグ描画テスト　71

著者略歴

橋本忠行 (1, 2, 3, 4章1〜6節, 6, 7章担当)
はしもと ただゆき
1999年 九州大学教育学研究科博士後期課程単位取得退学
現　在 札幌学院大学人文学部臨床心理学科准教授

佐々木玲仁 (5章担当)
ささき れいじ
2009年 京都大学大学院教育学研究科博士後期課程修了
現　在 九州大学大学院人間環境学研究院准教授
　　　 京都大学博士（教育学）

島田　修 (4章7・8節担当)
しまだ おさむ
1965年 関西学院大学大学院文学部心理学専攻博士課程
　　　 単位取得退学
現　在 元龍谷大学大学院文学研究科臨床心理学専攻教授

Ⓒ　橋本忠行・佐々木玲仁・島田　修

2015年1月30日　　初版発行

心理学の世界　専門編　13

アセスメントの心理学
こころの理解と支援をつなぐ

　　　　　　　　橋本忠行
　　著　者　　佐々木玲仁
　　　　　　　　島田　修
　　発行者　　山本　格

発行所　株式会社　培風館

東京都千代田区九段南 4-3-12・郵便番号 102-8260
電　話(03)3262-5256(代表)・振　替 00140-7-44725

東港出版印刷・牧 製本

PRINTED IN JAPAN

ISBN978-4-563-05892-0 C3311